Isabel Losada

Um Gottes willen!
Warum Frauen ins Kloster gehen

W0110071

ISABEL LOSADA

UM GOTTES WILLEN

Warum Frauen ins Kloster gehen ...

Schulte & Gerth

Die englische Originalausgabe erschien
im Verlag Hodder & Stoughton, London,
unter dem Titel „New Habits".
© 1999 by Isabel Losada
© der deutschen Ausgabe 2000 Gerth Medien, Asslar
Aus dem Englischen übersetzt von Sabine Pujol

Best.-Nr. 815 659
ISBN 3-89437-659-7
1. Auflage 2000
Umschlaggestaltung: Ursula Stephan
Fotos: Emma Mitchell
Satz: Die Feder GmbH, Wetzlar
Druck und Verarbeitung: Ebner Ulm
Printed in Germany

*Für Debbie
In Liebe*

Inhalt

Dank

Mein Dank gilt vor allem den zehn inspirierenden Berichten der Frauen, die in diesem Buch zu Wort kommen. Danken möchte ich auch: Mutter Helen von den Allerheiligen für ihre Geduld; Mutter Sheila und Schwester Anne in Ditchingham für die Zeit, die sie mir geschenkt haben; Schwester Rita Elisabeth von den Schwestern von Bethany und Schwester Gillian Mary in Tymawr für ihre Ermutigung und ihre praktische Hilfeleistung; Schwester Emma und Schwester Mary-Jean; Schwester Helena CHS, New York, für ihre Energie; Joyce vom CSF und Mutter Christine vom SJD für ihren Glauben an eine Fremde; Schwester Winsome in Wantage, die ich gerne auch für dieses Buch interviewt hätte; Dr. Peta Bunstan: Möge alles, was sie unternimmt, gelingen; Tony Edwards, ein brillanter und skeptischer Wissenschaftler, der von diesem Buch begeistert war und an mich geglaubt hat; Lynne Schwahn und Tim Tieman dafür, dass sie dieses ganze Jahr für mich da waren; Linda Cowan für ihre Güte; Helen Gummer für ihre Gebete; Murray Watts, der mir als Erster vorgeschlagen hat, auf eine Retraite zu fahren; Schwester Anne-Julian in Wantage, die mir als Erste die Weisheit und Liebe der Ordensfrauen gezeigt hat, und Schwester Barbara-Thomas, die denkt, ich hätte sie vergessen; Roger Simpson, ohne den mein Leben ganz anders aussehen würde; David Riley für seine Ehrlichkeit; Phillip Whitehead dafür, dass er mich zum Schreiben ermutigt hat; Anthony Minghella und Juliet Stevenson für ihren hellen Verstand und ihr Mitfühlen; Reverend John Clarke für sein Lächeln; Sonya Leite, Menis Yousri, Ginny Fraser und Robert Razz dafür, dass sie meine Lehrer waren; Teresa Chris, meiner Agentin, für ihren Humor; Judith Longman und Charles Nettleton von Hodder & Stoughton für ihren Einsatz und ihr Engagement; Emma Mitchell, die die Fotos für dieses Buch gemacht hat und mit der ich so gerne zusammengearbeitet habe; sowie der leisen Stimme der Ruhe.

Einleitung

Wie dieses Buch zu Stande kam

Eine meiner engsten Freundinnen hat sich entschlossen, Nonne zu werden. Sie ist 29 Jahre alt, bildhübsch, temperamentvoll und quicklebendig, und es macht einfach Spaß, mit ihr zusammen zu sein. Sie ist außerdem eine talentierte Musikerin (sie spielt sechs Instrumente) und hat eine so schöne Singstimme, dass sie oft gebeten wird, auf Hochzeiten und anderen Feiern zu singen. Sie ist Lehrerin von Beruf und die Art von Person, der es sogar Spaß macht, mit einem Haufen kleiner Kinder ein Musical einzuüben.

Der religiöse Orden, dem sie beitreten möchte, ist nicht gerade eine Gemeinschaft, die wächst und gedeiht. Meine Freundin will in ein Kloster gehen, das aus einem kleinen Grüppchen von Mönchen und zwei ältlichen Nonnen besteht. In den vergangenen 30 Jahren ist keine einzige Frau dem Orden beigetreten, die dort auch geblieben wäre. Ihre ersten beiden Bewerbungen waren erfolglos, weil sie angeblich zu jung ist und erst mehr Lebenserfahrung sammeln soll. Erst nachdem sie es zum dritten Mal versucht hat, wurde sie nach langem Hin und Her für eine sechsmonatige Probezeit aufgenommen.

Es ist gefährlich, meine Freundin zu einer Party einzuladen. Sie posaunt zwar nicht gerade heraus, was sie mit ihrem Leben vorhat, aber wenn sie gefragt wird, was sie so macht, dann sagt sie ganz offen, dass sie Nonne werden will. Zunächst verstummt dann ihr Gegenüber. Doch dann geht es los und die Fragen und Kommentare kommen wie Maschinengewehrsalven:

„Das kann doch nicht dein Ernst sein!"
„Du willst tatsächlich Nonne werden?"
„Wirst du da eingesperrt?"
„Musst du dann den ganzen Tag beten?"
„Du hast es wohl nicht so mit Sex, oder?"
„Hast du denn keinen Freund?"

„Woher willst du denn überhaupt wissen, dass es Gott gibt?"
„Du bist doch gar nicht katholisch!"
„Oh je, wie kann man sein Leben nur so vergeuden!"

Wenn sich die erste Aufregung gelegt hat, stellt irgendjemand unweigerlich die Frage: „Warum um Gottes willen willst du bloß NONNE werden???"

Im Raum wird es still, während meine Freundin in aller Ruhe erklärt, dass es ihr tiefster Herzenswunsch ist, ins Kloster zu gehen.

Anscheinend hat jeder Mensch spontan ein intensives Interesse an Nonnen. Ein Leben ohne Geld, ohne Sex, keine Möglichkeiten zu reisen, keine Aufstiegschancen, nichts, was in unserem Alltag heute eigentlich so selbstverständlich ist. Selbst solche kleinen Freuden wie der Kauf einer CD oder Ausschlafen am Samstag bleibt ihnen versagt. Und doch haben sie sich freiwillig für diesen Lebensstil entschieden; es hat ihnen ja schließlich niemand die Pistole auf die Brust gesetzt und sie dazu gezwungen.

Was treibt sie bloß dazu? Diese Frage ließ mich nicht mehr los. So habe ich mich entschlossen, mich auch noch mit anderen Frauen zu unterhalten, die Nonne werden wollen. Was ist an einem Kloster dran, dass Frauen ihr ganzes Leben dort verbringen wollen, abgeschieden von der Welt? Ist das nicht eine Flucht vor dem realen Leben? Oder kann man dort wirklich Gott begegnen?

Der Klosterbesuch

Der erste Schritt war, dass ich selbst in ein Kloster fuhr. Ich hatte einen Wochenendbesuch beim „Orden der Heiligen Jungfrau Maria" in Wantage in Oxfordshire ausgemacht. Ich habe diesen anglikanischen Orden ausgesucht, weil niemand zu wissen scheint, dass es nicht nur katholische Klöster gibt.

Ich fuhr also am Freitagabend nach der Arbeit hinaus aufs Land. Es schneite, und ich sollte der einzige Gast an diesem Tag sein. Ich hatte Kälte und eine Atmosphäre zwanghaft unterdrückter Sexualität erwartet. Ich hatte angenommen, dass alle Schwestern säuerlich, gebeugt und mindestens 80 Jahre alt sein würden. Ich hatte starre Förmlichkeit und große Kruzifixe an kahlen Wänden erwartet. Ich hatte mich auf eine Art Totenstille eingestellt. Und um ganz ehrlich zu sein, ich hatte sogar befürchtet, dass nicht einmal die Heizung richtig funktionieren würde.

Bei meiner Ankunft wurde ich von einem lächelnden rothaarigen Mädchen von Mitte 20 begrüßt (gab es tatsächlich noch andere junge Frauen, die sich so einen schrecklichen Lebensstil ausgesucht hatten?!?). Überrascht und demütig saß ich dann mit den Nonnen am Abendbrottisch. Sie trugen die traditionellen Gewänder, mit denen ich gerechnet hatte, aber sie wirkten sehr lebendig, gewandt und herzlich. Es gab tatsächlich auch ein paar von der älteren und gebeugten Sorte, aber die meisten waren um die 30, 40 oder 50 Jahre alt. Der Orden hat mehr als 100 Schwestern – und sechs Novizinnen, die alle jünger als ich mit meinen 36 Jahren waren.

Ich verbrachte ein herrliches Wochenende dort. Ich fühlte mich wohl. Das Kloster war für mich ein unendlich viel fröhlicherer und schönerer Ort als die Produktionsfirma, bei der ich damals arbeitete. Es wurde viel gelacht und das ganze Kloster strahlte einen tiefen Frieden aus. Am meisten erstaunt hat mich die Feststellung, was für ein sinnlicher Ort dieses Kloster ist. Man läuft in Ledersandalen auf Marmorböden, in der Kapelle stehen alte Holzbänke, die auf Hochglanz poliert sind und einen angenehmen Duft absondern. Durch die bunten Glasfenster dringt warmes Sonnenlicht herein. Die Luft riecht schwach nach Weihrauch und nach frischen Blumen, die überall herumstehen.

Der Sinn für die Wirklichkeit wird dort auf merkwürdige Art und Weise geschärft. Ich fühlte mich, als ob man mir ganz unauffällig beibrachte, wie man wirklich *lebendig* wird. Es war, als ob von diesen Schwestern eine helle Begeisterung für jeden Augenblick ausging; vielleicht könnte man es auch tiefe Dankbarkeit nennen. In einem Fernsehstudio sind die meisten so beschäftigt damit, ihre Termine einzuhalten, dass man das Sonnenlicht in einer Ecke übersieht oder nicht mehr merkt, wie sich unsere Füße in den Schuhen anfühlen.

Im Kloster gab es auch unerwartet viel Humor. Ich erblickte eine merkwürdige Falltür und fragte eine der Nonnen: „Was ist denn das?"

Sie entgegnete trocken: „Oh, durch diese Tür schmuggeln wir nachts die Männer ins Kloster", und dabei lachte sie schallend.

Ich schaute sie an und meinte: „Ich weiß gar nicht, warum Sie das lustig finden können. Ich hätte ja gut lachen – aber wenn ich vorhätte, ein lebenslanges Keuschheitsgelübde abzulegen, dann würde ich das wahrscheinlich nicht so witzig finden."

Aber diese Frau hatte damit überhaupt keine Probleme.

Eine noch größere Überraschung für mich war es, dass ich am Sonntagnachmittag nicht den leisesten Wunsch verspürte, wieder nach Hause zu fahren, und ich ertappte mich dabei, dass ich mich fragte, wann ich wohl wiederkommen könnte.

Ich hatte das Gefühl, dass ich endlich zu Hause angekommen war. Ich weiß gar nicht, wie ich das erklären soll. War es vielleicht die spürbare Liebe, die hier herrschte? Oder waren es die Gebete, mit denen mich die Nonnen umgaben? Oder war es vielleicht noch etwas anderes? Ein merkwürdiges Gefühl, dass Gott ganz nahe war, vielleicht gleich nebenan … oder sogar noch näher? Ich glaubte eigentlich nicht an Gott, und doch war mir, als ob ich dieses Wochenende in seiner Gegenwart verbracht hätte.

Die Interviews

So entschloss ich mich also, diesen jungen Frauen, die ihr Leben „wegwerfen" wollten, die Möglichkeit zu geben, ihr Vorhaben zu erklären. Ich hatte jede Menge Erfahrung mit Fernsehinterviews, aber ich wollte auf keinen Fall mit „ins Bild rücken", weder im eigentlichen noch im übertragenen Sinn. Also nahm ich einfach einen Kassettenrekorder und ließ die Novizinnen reden. Ich stellte all die Fragen, die meiner Freundin auf Partys hundertfach gestellt wurden. Ich kannte keine Gnade und ließ kein Problem aus, weder im geistlichen Bereich („Wenn es einen Gott gibt, wie erklärst du dir dann das Leiden in der Welt?") noch im persönlichen Bereich („Wie kommst du mit deiner Sexualität klar?"). In diesem Buch können Sie das Ergebnis schwarz auf weiß lesen.

Es ist seltsam, dass wir trotz des allgemeinen Interesses an Mönchen und Nonnen so wenig über das Ordensleben Bescheid wissen. Katholische Nonnen tragen heute meist schon gar keine Tracht mehr, und so bleibt ihr Dienst mehr oder weniger verborgen. Selbst Angehörige der protestantischen Kirchen wissen oft nicht, dass es neben den katholischen Orden auch in ihrer eigenen Denomination Ordenshäuser gibt. Unsere Vorstellungen davon, wie eine Nonne ist, sind durch alte Filme mit Audrey Hepburn oder später von Whoopi Goldbergs Darstellung in dem Film „Sister Act" geprägt. Doch mit der Wirklichkeit haben diese Vorstellungen wenig zu tun.

Die Ordenshäuser und Klöster dieser Welt sind tatsächlich wahre Kraftwerke der Spiritualität, und wir, die wir uns und Gott besser verstehen lernen wollen, nutzen diese Auftankstationen viel zu wenig!

Ich hoffe, dass die Berichte der Frauen, die ein Ordenshaus nicht nur besuchen, sondern ihr Leben darin verbringen, einige der Klischees und falschen Vorstellungen aus dem Weg räumen helfen. Durch die Ehrlichkeit, die Offenheit und den Humor der Schwestern war jedes einzelne dieser Interviews eine große Freude für mich.

Die Weisheit der richtigen Entscheidung

Es gibt unendlich viele falsche Vorstellungen über Nonnen. Die erste ist wohl, dass sich nur Frauen für diesen Lebensstil entscheiden, die in der Liebe bitter enttäuscht wurden und darüber nicht hinwegkommen oder die ohnehin frigide Mauerblümchen sind. Die meisten Leute denken, dass Nonnen vor der Realität des Lebens flüchten. Die zweite falsche Vorstellung ist, dass Klöster und Ordenshäuser triste Orte sind, die wegen Nachwuchsproblemen dankbar jeden aufnehmen, der so dumm ist, dort leben zu wollen.

Die Wirklichkeit sieht ganz anders aus. Zum Ersten hatten viele Frauen, die Nonnen geworden sind, durchaus feste Partner oder waren vor dem Eintritt in den Orden sogar verheiratet. Selbst die, auf die das nicht zutrifft, müssen sich viel umfassender über ihre Einstellung zur Sexualität klar werden als ihre Freunde, die sie „in der Welt zurücklassen".

Die Vorstellung, dass man ins Kloster geht, um sich zu verstecken und die Realität hinter sich zu lassen, ist vollkommen lächerlich, denn genau das kann man als Nonne *nicht* tun.

Im normalen Leben gibt es tausend Möglichkeiten, unsere Probleme zu vertuschen oder unsere Gedanken zu betäuben. Wir werden vom Radio geweckt, hetzen zur Arbeit, haben den ganzen Tag lang keinen einzigen Augenblick Zeit, einen vernünftigen Gedanken zu fassen, kommen erschöpft nach Hause, sehen vielleicht noch ein bisschen fern oder lesen Zeitung, bevor wir ins Bett fallen. Wenn wir Sorgen haben, greifen wir einfach zum Telefon und sprechen uns bei einem Freund aus. Viele Leute können Stille gar nicht mehr ertragen, und der Gedanke, eine Stunde allein in völliger Ruhe zu verbringen, ist uns unerträglich.

Einer Nonne oder einem Mönch steht keine dieser Möglichkeiten zur Verfügung, sich abzulenken. Stellen Sie sich eine Welt vor, wo nach halb zehn Uhr abends bis nach dem Frühstück am nächsten Tag niemand spricht. Sie können auch kein Radio hören oder den Fernseher anschalten. In dieser Situation ist man gezwungen, mit sich selbst ins Reine zu kommen. Hier ist keine „Flucht" möglich.

Es gibt nur wenige Menschen, die das ertragen. Viele geben auf; anderen wird geraten, doch lieber das Kloster zu verlassen. Bei einem meiner ersten Besuche im Kloster sprach ich mit einem anderen Gast. Die Dame hatte zwei Jahre in diesem Orden gelebt und ihm unbedingt beitreten wollen. Der Orden war jedoch der Meinung gewesen, dass dieses Leben nichts für sie war, und so wurde sie schließlich Pastorin. Sie lächelte amüsiert, als ich mein Erstaunen darüber äußerte, dass der Orden eine so willige Anwärterin „verstieß". Es sei eben nicht jeder für das Klosterleben gemacht, sagte sie.

Die Vorbereitungszeit auf die lebenslangen Gelübde ist lang und hart, und ich muss oft denken, dass sicher nicht so viele Ehen scheitern würden, wenn die Phase der Vorbereitung für eine lebenslange eheliche Verpflichtung einem Partner gegenüber genauso rigoros aussähe.

Zunächst einmal besucht man das in Frage kommende Kloster so oft wie möglich. Dann folgt eine Probezeit von sechs Monaten. Dann wird einem die Gelegenheit gegeben, ein weiteres Gelübde für zwei oder drei Jahre abzulegen, wenn alle Beteiligten der Meinung sind, dass dies das Richtige ist. Am Ende dieser Phase hat man die Möglichkeit, ein Gelübde für die nächsten drei bis fünf Jahre abzulegen. Erst nach einer insgesamt mindestens siebenjährigen Probezeit kann man das Gelübde ablegen, um den Rest seines Lebens im Kloster zu verbringen.

Einer der Gründe, warum Klöster so fröhliche Orte sind, ist, dass jedes Ordensmitglied absolut freiwillig und gern dort ist. Diese Menschen haben mehr als nur eine Entscheidung getroffen. Sie haben sich entschieden, dann ihre Entscheidung erneut überdacht und ganz bewusst noch einmal bestätigt. Eigentlich sind sie der Inbegriff von Selbstbestimmung. Sehr wenige Menschen haben diese Möglichkeit im „normalen" Leben. Wie viele Menschen verbringen Jahre an einer Arbeitsstelle, obwohl sie eigentlich lieber etwas anderes täten? Sie wachen jeden Morgen auf und empfinden nicht die geringste Begeisterung für den neuen Tag, weil sie sich dieses Leben nicht selbst ausgesucht haben.

Aber bei den Nonnen ist das anders. Sie haben sich mit ihrem freien Willen zu dieser Lebensweise entschlossen und hinterfragen diese Entscheidung so lange, bis nicht mehr der kleinste Zweifel an ihrer Richtigkeit besteht. Sie sind genau an dem Platz, an dem sie sein wollen.

Das Leben im Zölibat

Ich persönlich glaube, dass die Kirche im Verlauf ihrer Geschichte den Menschen einen schlechten Dienst erwiesen hat, indem sie den sexuellen und den geistlichen Bereich voneinander getrennt hat. Diese beiden Geheimnisse rühren an die innerste Natur unseres Wesens. Liebe, Sexualität, tiefer Respekt und Würde gehören nach meiner Auffassung untrennbar zusammen.

In diesem Punkt würden mir die Nonnen vermutlich nicht zustimmen. Es ist nicht so, dass sie gegen Sexualität wären, aber Sexualität passt einfach nicht zu ihrem Leben. Sie haben sich entschlossen, „niemandes Ehefrau und Mutter zu werden, um allen Schwester zu sein". Schwester Judith stellt in ihrem Bericht wunderbar dar, wie die Liebe, die andere Menschen gegenüber ihrem Partner empfinden – die Sorge, die Aufmerksamkeit –, bei den Schwestern jedermann gilt. Das habe ich gespürt, als ich mit ihnen und besonders mit den Oberinnen sprach. Solange ich bei ihnen war, schenkten sie mir so viel Aufmerksamkeit, als ob ich der einzige Mensch auf der Welt und ganz allein wichtig wäre. Es ist eine hohe Berufung, diese Liebe, die wir alle in uns tragen, der ganzen Menschheit zur Verfügung zu stellen. Ich bewundere all die, die auf diese Art und Weise lieben können.

Ganz davon abgesehen gibt es wesentlich unangenehmere Arten zu leben als im Kloster. Die Nonnen haben immer einen Platz zum Schlafen, genug zu essen und liebe Freunde um sich. Ihre Gefährtinnen haben dieselbe Leidenschaft wie sie und teilen ihre Vision. Sie sind hier frei, das zu tun, was sie am liebsten tun wollen, nämlich ein Leben zu führen, das sich ganz auf Gott konzentriert. Sie sind „frei für Gott".

Gott kennen lernen

Unser Zeitalter ist sehr spirituell geprägt. In den Buchhandlungen in der Sektion „Körper, Seele und Geist" gibt es ganze Regale voller Bücher, meist solche, die in unterschiedlichem Maße von der New-Age-Bewegung inspiriert sind. Das ist modern, und solche Bücher finden eine immer größere Leserschaft. Doch so viel Zeit, Geld und Energie wir auch in unser geistliches Leben stecken, wir finden trotzdem keinen inneren Frieden.

Ihr tiefer Glaube ist das, was die Schwestern den Lesern dieses Buches mitzuteilen haben. Ich habe jede der Nonnen gefragt, wie und woher sie Gott kennen, wie sie beten und wie Gott ihnen antwortet. Jede Schwester hat eine andere Antwort, eine andere Perspektive, einen anderen Erfahrungshintergrund – und doch haben sie alle etwas gemeinsam: den Frieden, die Ruhe und Tiefe, die aus ihren Worten spricht.

Teresa erzählt von ihrer stürmischen Begegnung mit Gott, der sie fast wie ein irdischer Geliebter berührt und immer bei ihr ist. Lynn spricht davon, dass sie sich Gott zunächst als eine nebulöse höhere Macht vorgestellt hat, aber nun immer mehr verstehen lernt, dass er tatsächlich in ihr lebt. Judith berichtet, wie sie sich eins mit der gesamten Schöpfung fühlt. Margaret blickt auf Gott in den schwierigen Situationen bei ihrer Arbeit mit Obdachlosen, Drogenabhängigen oder Geisteskranken. Rachel sagt, dass sie sich nicht davor scheut, auch starke Worte Gott gegenüber zu gebrauchen, wenn sie wütend ist. Helen ist ganz von der Majestät Gottes fasziniert. Esther erzählt, dass Gott ihr ganzes Wesen und ihre ganze Seele erfüllt.

Lassen Sie sich mitnehmen in diese fesselnden, authentischen Berichte ... aber seien Sie nicht überrascht, wenn dabei etwas mit Ihnen passiert, was Sie nicht in Worte fassen können ...

Wenn Sie dieses Buch lesen, versuchen Sie, es in aller Ruhe zu tun. Am besten, Sie stellen das Radio, den Fernseher und das ständig störende Telefon ab. Stellen Sie sich eine friedliche Atmosphäre vor. Sie sitzen in einem Zimmer namens Freude – der Raum ist spärlich, aber gemütlich eingerichtet. Es gibt einen kleinen Tisch mit Holzstühlen, und der Blick aus dem Fenster fällt in einen Garten. Eine Glocke läutet in der Ferne. Die Tür öffnet sich, und eine Nonne steht vor Ihnen. Sie trägt eine bodenlange Ordenstracht, ein grobes Seil ist um ihre Hüften geschlungen, und das Ordenskreuz trägt sie an einer Kette um ihren Hals. Auf ihrem Kopf trägt sie einen weißen Schleier, der zeigt, dass sie noch Novizin ist. Auf dem Tisch stehen Tee und Kekse. Sie gießt Ihnen Tee ein und lächelt Sie an. Und dann beginnt sie zu erzählen . . .

Schwester Teresa

Schwester Teresa
Schwestern von Bethanien – Hampshire, England

Alle meine Freunde fanden es
die natürlichste Sache der Welt,
dass ich Nonne werde.
Aber es gab auch einige Leute,
die absolut erstaunt waren,
und das waren ausgerechnet diejenigen,
die in meine Gemeinde gingen.
Man würde denken, dass gerade sie
froh über die Nachricht sein sollten,
dass ich mein Leben dem Gott weihen wollte,
den sie jeden Sonntag anbeten;
aber sie waren alle ganz schockiert.
Ich erinnere mich, dass eine Frau sogar fragte:
„Wie kommst du denn eigentlich
auf diese schreckliche Idee?"

Schwester Teresas Anblick war ein heilsamer Schock für mich und mein klischeehaftes Nonnenbild, denn sie sieht so jung und hübsch aus, dass man den Eindruck hat, hier stimme etwas nicht. Eigentlich müsste sie doch noch in die Schule gehen, oder?

Wenn man sich den Orden genauer anschaut, dann ist der Kontrast noch stärker, denn die allermeisten ihrer Mitschwestern sind von der ältlichen, sanft lächelnden Sorte. Ich fragte mich, ob dies wirklich der richtige Platz für Teresa war. Dieses Kloster ist außerdem sehr traditionell geprägt, und ein etwas modernerer Orden schien mir für Schwester Teresa viel passender.

Ich wurde schnell eines Besseren belehrt. Teresa ist sehr glücklich in diesem Kloster und bestärkt die anderen Schwestern eher noch darin, etwas konservativer zu werden. Ihre Ehrlichkeit und ihr Sinn für Humor sind so ausgeprägt, dass ich mich fragte, ob der Orden nicht darauf bestehen würde, ihren Bericht etwas abzumildern. Doch er blieb, wie er war. Na ja, beinahe.

Schwester Teresa ist 26 Jahre alt und seit drei Jahren in diesem Orden. Hier ist ihr Bericht:

Mein Vater war Armeearzt und meine Mutter Krankenschwester. Wir sind unzählige Male umgezogen und ich habe insgesamt 10 verschiedene Schulen besucht. Mein Bruder und ich lebten drei Jahre in Hong Kong, dann in England, dann in Deutschland, dann wieder in England, dann gingen wir für zwei Jahre nach Zypern und dann wieder für ein Jahr nach Hong Kong. Ich habe also in ziemlich vielen verschiedenen Kulturen gelebt. In Hong Kong und in Zypern lebten wir eng mit den Einheimischen zusammen.

Als mein Vater aus der Armee ausschied, machte ich schließlich meine Mittlere Reife auf einer Gesamtschule in England. Für mich war diese Schule nach der Disziplin und der Lernatmosphäre, die an den Militärschulen geherrscht hatte, ein richtiger Schock. In den Militärschulen ist alles sehr streng, und man wird ständig zum Lernen angetrieben. An dieser Schule gab es jedoch überhaupt keine Disziplin. Unter den Schülern herrschte Anarchie, die mir Angst machte, und ich hatte zu allem Überfluss noch einen etwas fremdartigen Akzent, so dass ich ständig gehänselt wurde.

So bald wie möglich ging ich von der Schule ab und suchte mir sofort einen Job. Meine erste Arbeitsstelle fand ich in einer Bank.

Ich hatte ein glückliches Familienleben. Wir verstanden uns eigentlich immer gut, und ich habe auch eine gute Beziehung zu meinen Eltern. Natürlich vertrug ich mich mit meinem Bruder nicht so toll, als wir klein waren; aber das ist ja normal unter Geschwistern. Ich weiß noch, dass er mich einmal mit einem Bleistift in den Arm stach, als er so tat, als würde er mir eine Spritze geben. Wir spielten nämlich Arzt und Patient. Die Narbe habe ich heute noch. Und als wir Frisör spielten, schnitt er mir wirklich sämtliche Haare ab, anstatt nur so zu tun. Ein ziemlich typisches Beispiel für einen großen Bruder.

Unsere Familie war nicht besonders religiös, obwohl meine Eltern schon an Gott glaubten. Als wir im Ausland waren, gingen wir gewöhnlich sonntags in irgendeinen Gottesdienst. Meine Eltern gehen heute übrigens nicht mehr in die Kirche.

Ich war im Kirchenchor, als ich elf war, denn ich singe gern. Ich wurde auch konfirmiert. Der einzige Grund für meine Konfirmation war, dass ich am Abendmahl teilnehmen wollte wie alle anderen. Es hat mir aber eigentlich gar nichts bedeutet, weil ich nicht wirklich wusste, um was es dabei ging. Ich war ja erst elf.

Die nächsten 10 Jahre bin ich dann fast überhaupt nie in die Kirche gegangen. Ich habe allerdings keine rebellische Phase gehabt oder so etwas. Meine Mutter sagt, dass ich immer ein braves Mädchen war, und jetzt bin ich es sogar hauptberuflich!

Als ich 22 war, fuhr ich einmal an einer Kirche vorbei, die ich als Kind besucht hatte. Ich stieg aus und schaute sie mir an. Da begegnete mir ein Hausmeister, der sich noch an unsere Familie erinnern konnte. Er war sehr freundlich und sagte mir, ich sollte doch ruhig hereinkommen und mich umschauen. Es war eine anglikanische Hochkirche, und da wird eine Menge Weihrauch benutzt. Als ich eintrat, überfielen mich bei dem Geruch eine

Unmenge liebe Erinnerungen, und am darauf folgenden Sonntag besuchte ich den Gottesdienst. Ich war kaum ein Jahr regelmäßig in diese Kirche gegangen, als ich meine „Berufung" bekam.

Aber ich habe Ihnen noch gar nicht erzählt, was nach meinem Bankjob passierte. Ich war damals 16 und hielt es ganze drei Jahre in der Bank aus. Mit 19 Jahren machte ich Urlaub in Kanada, und dabei wurde mir klar, dass ich auf jeden Fall aus diesem Bürojob raus wollte. Mit 20 zog ich dann bei meinen Eltern aus und nahm mir eine eigene Wohnung. Ich arbeitete bei verschiedenen Zeitarbeitsfirmen, und zwar erst als Kindermädchen, dann als Büroangestellte und danach bei einer Auslieferungsfirma in der Verwaltung. Ein Jahr lang schnupperte ich ins Hotelgewerbe und arbeitete dann bei einer Computerfirma. Bei dem Job in der Computerfirma gab es alle möglichen Vorrechte und Sondervergütungen. Ich bekam Hunderte von Gutscheinen, und einmal gewann die ganze Abteilung eine Reise ins Eurodisneyland bei Paris. Wir verbrachten ein herrliches, sehr alkoholhaltiges Wochenende dort.

Ich glaube, man kann sagen, dass ich eine Menge Erfahrung in vielen verschiedenen Arbeitsgebieten gesammelt hatte.

Natürlich gab es auch das Thema Jungen. Ich hatte schon mit 10 Jahren meinen ersten „Freund", und bis 13 war ich mit jeder Menge Jungs „gegangen", wie man das nannte. Zwischen 13 und 17 hatte ich dann keine richtige Beziehung, und ich machte mir richtig Sorgen deswegen. Ich interessierte mich natürlich für verschiedene Filmstars, Popsänger und die „angesagten" Jungs an der Schule, aber irgendwie klappte es in dieser Zeit nicht so richtig. Meine Freunde meinten, ich hätte eine Mauer um mich herum aufgebaut. Mir kam das gar nicht so vor; ich sehnte mich nach einem Freund und dachte theatralisch: „Ich will einen Mann und endlich die Liebe erfahren!"

Heute denke ich, ich habe viel Bewahrung erlebt, denn damals war gerade freier Sex angesagt und irgendwie habe ich das alles verpasst, ohne es so richtig mitzukriegen.

Mit 17 verliebte ich mich in einen wirklich tollen jungen Mann. Mein Herz pochte wie wild, als ihn das erste Mal sah. Er lud mich zum Abendessen ein, und wir gingen von da an regelmäßig miteinander aus. Er war schrecklich romantisch. Er hielt mir die Tür auf und schickte mir jede Woche Blumen. Wir verbrachten sechs wundervolle Monate miteinander, und er übte keinerlei Druck auf mich aus. Aber ich brach die Beziehung ab, als ich erkannte, dass es ihm sehr ernst mit mir war. Ich fühlte mich noch nicht reif genug für eine ernsthafte Beziehung.

Nachdem ich mit ihm Schluss gemacht hatte, fand ich heraus, dass er bereits einen Ring gekauft hatte. Er liebte mich wirklich und schickte mir auch weiterhin jede Woche Blumen. Ich könnte zu dieser Beziehung noch sehr viel sagen, aber das gehört nicht hierher.

Als ich zum ersten Mal dieses Kloster besuchte, hatte ich mir fest vorgenommen, es zu hassen. Ich dachte, ich würde einen Haufen verklemmter alter Frauen antreffen, deren Wirbelsäulen schon ganz verkrümmt sind, weil sie ununterbrochen den Rosenkranz beten. Aber die Leute hier lächelten und lachten und waren so offen und freundlich, dass meine Vorsätze schnell in sich zusammenstürzten.

Um ehrlich zu sein habe ich mir dieses Kloster nicht ausgesucht, ich bin eher darüber gestolpert.

Ich träume nicht sehr oft, doch als ich an diesem besonderen Morgen aufwachte, wusste ich noch genau, was ich geträumt hatte. Ich weiß nicht, ob man diesen Traum nicht eher als eine Vision bezeichnen sollte, doch ich nenne es lieber einen Traum; einen sehr realistischen, eindringlichen Traum. Jedenfalls sah ich mich in einer Ordenstracht. Ich hatte bisher nie daran gedacht, einem Orden beizutreten oder Nonne zu werden. Ich dachte eigentlich, es gäbe nur katholische Nonnen.

Ich sprach mit einer Freundin darüber, und sie sagte, ich sollte auf jeden Fall irgendeinen helfenden Beruf ausüben. Als ich ihr dann erzählte, dass ich geträumt hätte, ich würde Nonne, meinte sie nur ganz nüchtern: „Ja, das würde zu dir passen."

Eine Woche später rief ich meine Mutter an und erzählte ihr, dass ich an einem Scheideweg in meinem Leben angekommen sei und dass ich nicht wüsste, was ich jetzt machen sollte.

Sie sagte zu mir: „Ich weiß, was du tun wirst." Ich war völlig überrascht und fragte, was sie meinte.

„Du wirst ins Kloster gehen", sagte sie.

Wumm! Bis dahin hatte sie nie etwas Derartiges erwähnt, und natürlich fragte ich sie, woher sie das wissen wolle. Sie entgegnete: „Das hast du mir gesagt, als du etwa acht Jahre alt warst, und ich wusste immer, dass es eines Tages so kommen würde."

Daran konnte ich mich nicht im Entferntesten erinnern. Nach diesem Anruf dachte ich, dass ich vielleicht gar nicht mehr darüber nachdenken musste. Anscheinend war es meine Bestimmung, Nonne zu werden.

Ich ging also zu unserem Pfarrer und sagte ihm, dass ich zum Katholizismus übertreten wollte, damit ich Nonne werden könne. Er erklärte mir, dass das gar nicht notwendig sei, und gab mir eine Liste von protestantischen Ordenshäusern der anglikanischen Kirche, von denen ich einige anschrieb. D. h. ich begann damit, aber im letzten Moment zerriss ich die Briefe doch immer wieder.

Am nächsten Tag ging ich zu einem Gebetstreffen in die Kathedrale von Guildford. Während ich auf den Beginn der Veranstaltung wartete, entdeckte ich unter den Anwesenden eine Nonne. Ich ging hin und sprach sie an. „Ähm, äh . . . entschuldigen Sie bitte . . . ich glaube, ich möchte Nonne werden."

Die Nonne war Schwester Elvina von diesem Orden hier. Sie lächelte mich an und bot mir an, sich mit mir zu treffen und über alles zu reden. So bin ich hierher gekommen.

Als ich das erste Mal herkam – ich war gerade 23 –, waren die Fensterrahmen grün gestrichen. Jetzt sind sie beige, aber damals waren sie grün, und das sah genauso aus wie beim Haus meines Großvaters. Auch der Garten war wunderschön, und ich fühlte mich, als sei ich nach Hause gekommen.

In den meisten anglikanischen Orden ist 25 Jahre das Mindestalter für die Aufnahme, aber in diesem Orden gibt es keine Altersbegrenzung. Meinen Traum hatte ich im Februar gehabt. Mit Schwester Elvina traf ich mich im April, und im Oktober kam ich hierher.

Die Monate nach dem Traum und vor dem Eintritt ins Kloster waren nicht einfach. Ich hatte gerade ein sehr gutes Jobangebot bekommen und war nicht sicher, ob ich es annehmen sollte. Mein Vater war zu dieser Zeit schwer krank. Mittlerweile hat er sich wieder erholt, doch damals wusste ich nicht, ob ich nicht besser nach Hause kommen und bei seiner Pflege helfen sollte.

Meine Eltern sind einverstanden damit, dass ich hier bin, aber einige meiner Verwandten glauben, dass ich die falsche Entscheidung getroffen habe. Immer wieder hieß es: „Sie läuft doch nur vor der Realität davon." Natürlich wissen die Leute nicht, dass man sich erst hier richtig selbst begegnet!

Es gab wirklich nichts, wovor ich davonlaufen musste. Ich hatte gerade den Job angeboten bekommen, den ich wollte, und sogar mit dem Gehalt, das ich wollte. Leute, die mich nicht so gut kannten, dachten sicher, ich hätte Angst, eine alte Jungfer zu werden (mit 23!) und würde aus Torschlusspanik in den Orden gehen.

Meine Freunde, die mich wirklich gut kennen, waren gar nicht überrascht, als ich ihnen davon erzählte – was mich wiederum überraschte. Ich erwartete, dass sie sagen würden: „Was? Du machst wohl Witze!" Aber sie sagten nur: „Oh, das ist schön! Es passt zu dir."

Ich würde sagen, dass ich zum Nonnesein berufen bin, und das bedeutet für mich, dass ich von Gott ganz bewusst hierher geführt wurde.

Eine andere Schwester, die zur selben Zeit wie ich in diesen Orden kam, meinte zu mir: „Deine Berufung hierher war ja eine richtige Romanze mit Gott!"

Und genauso fühlte ich mich auch. Manchmal dachte ich: *Das geht mir alles zu schnell!* Dann wieder fand ich: *Das geht mir alles zu langsam.* Ich hatte nicht das Gefühl, dass ich erst noch etwas Besonderes erleben oder die Welt sehen muss, bevor ich ins Kloster gehe, denn ich habe ja schon meine ganze Kindheit und Jugend in anderen Ländern verbracht.

Eine Romanze mit Gott ist atemberaubend. Ich hatte nicht ständig Visionen und ich lag auch nicht täglich fünf Stunden betend auf den Knien oder tat sonst irgendetwas Dramatisches. Ich bin auf keinen Fall etwas Besonderes oder heiliger als andere Leute. Aber ich hatte das sichere Gefühl, dass „etwas" (um Gott nicht auf die menschliche Ebene herunterzuziehen) mich in seinen Armen hält. Wenn ich dachte: „Das geht mir zu schnell!", dann hielt er mich fest. Wenn ich das Gefühl hatte, dass alles nicht schnell genug ging, dann wartete er auf mich.

Ich kann nicht beschreiben, was für ein Gefühl das ist, wenn man Gott nah bei sich spürt – es ist die reine Freude, es ist wunderbar. Ich empfinde immer noch, dass ich mich in einem Wirbelsturm befinde. Wahrscheinlich verschwindet dieses Gefühl irgendwann. Wenn ich meine Gelübde ablege, werde ich vielleicht aus meiner „Verliebtheit" aufwachen und denken: „Hilfe, was hast du nur getan?"

Aber ich glaube das eigentlich nicht. Es passt alles so sehr zu mir. Ich fühle mich hier so frei, ich selbst zu sein.

Natürlich war nicht alles nur einfach bisher. Vor einem Jahr etwa – da war ich zwei Jahre hier –, ging es mir gar nicht gut. Ich hatte das Gefühl, ich bin im falschen Orden. Ich dachte, dass ich vielleicht in einen kontemplativen Orden gehen sollte. Ich schlug also meiner Oberin vor, dass ich einmal einen solchen Orden besuchen wollte.

Das tat ich auch an einem Wochenende und kam völlig begeistert zurück. Ich sagte mir: „Das ist genau der richtige Ort für dich." Ich fragte, ob ich dort einen Monat leben dürfte, und bekam die Genehmigung. Ein Termin für den Eintritt in den neuen Orden wurde ausgemacht. Ich kam hierher zurück, gab meine Tracht ab und fuhr für fünf Wochen nach Hause, um meine Eltern zu besuchen.

Wir fuhren alle zusammen nach Malta in den Urlaub. Unterwegs sagte mir dann auf einmal etwas – es waren keine Worte, keine Träume, mehr ein inneres Gefühl –, dass meine Entscheidung falsch war. Plötzlich hatte ich den ganz sicheren Eindruck, dass das Klosterleben doch nicht der richtige Weg für mich war. Es war einfach zu einschneidend. Ich kam zurück und schrieb an beide Klöster. Ich berichtete dem Orden, in den ich eintreten wollte, dass ich doch nicht kommen würde. Und ich schrieb diesem Orden hier und teilte auch ihnen meine Entscheidung mit, nicht einzutreten.

Ich hatte mich nun endgültig entschlossen, nie wieder ein Ordenshaus zu betreten. Ich suchte mir wieder einen Job und hielt Ausschau nach einem Haus. Alles lief äußerlich ganz prima, aber ich hatte die ganze Zeit das Gefühl, dass irgendetwas fehlte. Ich managte mein Leben recht gut, aber ich fühlte mich haltlos. Entwurzelt.

Eines Tages klingelte das Telefon. Es war die Mutter Oberin von diesem Orden hier, die sich einfach nur freundlich erkundigen wollte, wie es mir so ging, ob ich einen guten Job hatte und so weiter. Ich freute mich zu hören, dass es allen Schwestern im Orden gut ging. Das war alles – das Gespräch dauerte nur ungefähr fünf Minuten.

Doch in der Folgezeit musste ich ständig an den Orden denken und hatte immer stärker das Gefühl, dass ich doch zurückkommen sollte. Das verwirrte mich sehr, denn eigentlich bin ich keine sprunghafte Person. Ich dachte, ich wäre verrückt geworden.

Jeder, der ins Kloster geht, ist schließlich verrückt. Wer will schon mit 20 Frauen zusammenleben, von denen jede irgendwie eine Macke hat und sich komisch anzieht? Das ist doch nicht normal! Niemand mit ein bisschen Grips im Kopf würde einem Orden beitreten. Und meine Entscheidung stand ja fest.

Aber das komische Gefühl hielt an. Eines Morgens brach ich unvermittelt in Tränen aus und sagte zu meinen Eltern: „Es tut mir Leid, aber ich muss zurück ins Kloster."

Sie nahmen es ziemlich gut auf. Ich rief die Oberin an und fragte, ob ich mit ihr sprechen könnte. Ich wusste plötzlich gar nicht mehr, warum ich überhaupt weggegangen war.

Im Grunde denke ich immer noch, dass ich in einen kontemplativen Orden gehöre, aber ich kann einfach nicht in ein solches ganz abgeschlossenes Kloster gehen. Das könnte ich meiner Familie nicht antun. Im Moment leben meine Großeltern ganz in der Nähe und ich kann sie einmal im Monat besuchen. Ich liebe diese Besuche bei meinen Großeltern und sie freuen sich darüber noch mehr als ich. Meine Eltern können auch hierher kommen und alle drei Monate kann ich einen ganzen Tag bei ihnen sein.

Ich habe vier Wochen „Ruhezeit" pro Jahr, die ich verbringen kann, wie ich möchte. Auch mein Bruder, der nicht so im Voraus planen kann, kann einfach um 9 Uhr morgens anrufen und sagen: „Ich komme um 2 Uhr vorbei, okay?", und das ist kein Problem. Dann kommt er natürlich doch erst um 4 hier an – aber wir lieben ihn trotzdem!

In einem geschlossenen Orden dürfte ich nur an einem Nachmittag alle drei Monate Besuch empfangen und hätte im Jahr nur zwei Wochen Urlaub. Wenn ich keine Familie hätte, würde ich in einen geschlossenen Orden gehen. Aber ich wäre nicht in diesem Orden hier, wenn ich nicht wüsste, dass Gott mich hier haben will. Ich sehe das so: Wenn „arbeiten" sozusagen aus beten besteht, dann möchte man doch umso weniger Ablenkung haben, je tiefer das Gebetsleben ist. Es ist großartig, eine Familie und Freunde zu haben, aber sie können einen auch ziemlich von dem eigentlichen Ziel ablenken. Wenn mich Freunde fragen, ob ich gern mal einen schönen Roman lesen würde, kann ich mir ein Lächeln nicht verkneifen. Klar, ab und zu wäre mir schon nach ein bisschen Jackie Collins.

Aber in einem geschlossenen Orden ist das alles anders. Man möchte sich von ganzem Herzen auf Gott konzentrieren und will einfach keine solchen Ablenkungen haben. Man sucht dort eine geistliche Tiefe im Gebet und möchte nicht ständig Besuch um sich haben.

Unser Orden nennt sich „Schwestern von Bethanien" nach den Schwestern Maria und Martha, die Jesus in Bethanien besucht hat. In der Geschichte ist Maria die Nachdenkliche, die zu Füßen Jesu sitzt und zuhört, und Martha erledigt die Arbeit und bewirtet die anderen. Wir alle haben etwas von Maria und von Martha in uns. In diesem Orden können wir Marthas oder Marias sein – oder beides auf einmal. Heute denke ich, dass Gott mir zeigen will, dass ich eine Maria bin, aber dass ich meine Martha gern um mich haben möchte. Ich bin wirklich eine „Schwester von Bethanien"!

Ich spüre auch hier die Gegenwart Gottes nicht 24 Stunden am Tag so deutlich, als ob er neben mir stehen würde. Es ist mehr das Wissen, dass er da ist. Das ist ganz fest und wirklich in mir, auch wenn ich ihn nicht ständig spüre. Ich weiß ja auch, dass es Luft gibt. Ich kann sie zwar nicht sehen und ich kann sie auch nicht immer fühlen, aber ich weiß, dass sie da ist, weil ich sie atme.

Ich würde am liebsten manchmal die erste Zeile des Glaubensbekenntnisses abwandeln, die lautet: „Ich glaube an den einen Gott." Ich finde, das hört sich so an, als ob es da Zweifel geben könnte. Ich würde lieber sagen: „Ich *weiß*, dass es den einen Gott gibt."

Das Wissen um Gott kann man nicht logisch erklären. Entweder man erlebt es, oder man erlebt es nicht. Das kann einem niemand abnehmen.

Ein Klischee über Nonnen ist wirklich wahr: Wir beten sehr viel. Das heißt aber nicht, dass wir ständig auf den Knien liegen und Rosenkränze beten. Ich würde Gebet als ein Gespräch mit Gott beschreiben. Es ist nicht immer eine beidseitige Kommunikation. Manchmal höre ich auf Gott, aber meistens leider nicht. Er ist aber immer am anderen Ende der Leitung. Er ist immer bereit, mir zuzuhören. Wenn ich bete, dann möchte ich auf ihn hören.

Ich bete eigentlich 24 Stunden am Tag, denn ich lebe ja immer mit Gott, denke über ihn nach und teile meine Gedanken mit ihm. Das ist auch Gebet. Aber meine festgesetzten Gebetszeiten sind trotzdem meine besten Zeiten mit Gott. Ich versuche, an nichts anderes zu denken als an ihn. Leider ist es mit meiner Konzentration immer noch nicht zum Besten bestellt, und ich tendiere dazu, gedanklich abzuschweifen oder mich von Geräuschen ablenken zu lassen.

Als ich hierher kam, sollte ich zweieinhalb Stunden am Tag im meditativen Gebet verbringen – und dabei war ich schon froh, wenn ich eine Minute lang still sitzen konnte; es war für mich absolut unmöglich, mich so lange zu konzentrieren! Jetzt stehe ich früher auf, als ich muss, damit ich noch eine Stunde Gebet einschieben kann. Wenn jemand mir vor zwei Jahren gesagt hätte, dass ich morgens eine ganze Stunde beten würde, hätte ich gesagt: „Ach, Quatsch! Das würde ich nie tun!"

Ich stelle fest, dass ich mich viel wohler fühle, wenn ich eine ganz persönliche Beziehung zu Gott habe und eng mit ihm in Kontakt stehe. Er hat dann Gelegenheit, mich zu prägen und zu verändern. Ich werde immer noch ab und zu wütend auf Gott, und einmal habe ich sogar einen Hausschuh auf das Kreuz an der Wand geworfen, als ich allein in meinem Zimmer war. Manchmal benutze ich auch die schlimmsten Wörter Gott gegenüber, die ich hier wirklich nicht wiederholen möchte. Aber wenn man jemanden liebt und von ihm geliebt wird, dann kann man ihm all seine Gefühle offen zeigen. Und die sind eben nicht immer schön. Ich finde zum Beispiel, Gott sollte viel öfter in das Leben von Leuten eingreifen, die seine Hilfe brauchen und erbitten. Viel, viel öfter, als er es tut. Manchmal verstehe ich seine Passivität nicht und bin dann richtig wütend auf ihn.

Ich habe verschiedene Formen des Gebets. Manchmal benutze ich einen Vers oder ein Wort, das man ständig wiederholt, zum Beispiel: „Halleluja", was so viel bedeutet wie: „Preist den Herrn". Das hilft mir, meine Gedanken beieinander zu halten. Ich benutze auch manchmal wirklich den Rosenkranz, um mich daran im Gebet entlangzuhangeln. Aber meistens sitze ich einfach nur da.

Es gibt ein Sprichwort, das aus dem 5. Jahrtausend vor Christus stammt, und das lautet: „Die Art, etwas zu tun, ist zu sein." Und das lerne ich gerade – es ist genug, einfach *vor Gott zu sein*. Ich versuche, weder etwas zu tun noch etwas darzustellen. Und wenn ein

Gedanke kommt, lasse ich ihn einfach vorbeiziehen. Ich bin einfach ich, wie ein Baum auch einfach nur da ist. Das ist gar nicht so einfach!

Ich mache nicht jedes Mal wundervolle Erfahrungen im Gebet – das passiert sogar eher selten. Aber wenn ich sie dann habe, stärken sie meinen Glauben unheimlich. Es ist schwierig, so eine besondere Zeit zu beschreiben. Man fühlt sich geborgen.

Ich kann mich an eine Phase erinnern, als ich auf alles eine Antwort haben wollte: Werde ich hier bleiben? Werde ich meine lebenslangen Gelübde ablegen? Was wird geschehen? Wo werde ich sterben? Was passiert nach dem Tod? Was wird aus meiner Familie?

Ich wollte alles auf einmal wissen. Ich weiß noch, wie ich in der Kapelle saß – ich kann gar nicht sagen, wie lange. Ich dachte, ich wäre in der Wüste und umgeben von einer riesigen Sanddüne. Jenseits der Sanddüne waren alle Antworten, aber ich wusste, dass ich immer wieder an der Düne herunterrutschen würde, wie sehr ich mich auch anstrengte. Und da habe ich erkannt, dass ich nicht alle Antworten bekommen werde. Ich werde nicht alles erfahren. Ich bekomme vielleicht ein paar Antworten, aber ich werde in diesem Leben nicht alles wissen. Ich fand die Art wunderbar, wie mir diese Weisheit beigebracht wurde. Ich weiß nicht, ob das eine Vision oder nur ein Gefühl war; ich bin nicht sicher, ob ich die Sanddüne sah oder fühlte. Aber ich weiß, dass sie da war. Und ich weiß, dass sich auf der anderen Seite etwas Wunderbares befand. Aber ich konnte nicht dorthin gelangen.

Ich habe nie wirklich akustisch die Stimme Gottes gehört. Gott spricht nicht zu mir wie übers Telefon, obwohl es Leute gibt, die das schon erlebt haben. Ich spüre, dass Gott durch meine Gefühle zu mir spricht. Ich weine häufig, und ich werde wütend und lasse Dampf ab, aber ich versuche, das nicht in Gegenwart anderer Leute zu tun. Ich kann diese Gefühle meist so lange zurückhalten, bis ich allein mit Gott bin. Gott spricht auch dadurch, wie die Dinge sich entwickeln. Das ist wirklich schwierig zu erklären; wie gesagt: Man muss das schon selbst erleben, um es zu begreifen!

Wie stehen Sie zu Armut, Keuschheit und Gehorsam?

ARMUT. Für mich ist materielle Armut kein Problem. Ich habe zum Beispiel kein eigenes Auto, aber ich kann mir hier ein Auto ausleihen, falls ich mal irgendwo hinfahren muss. Ich gebe nicht mehr Unmengen von Geld für Kleidung aus, aber die brauche ich ja auch nicht mehr. Ich gebe auch nichts mehr für Schmuck aus, weil ich den auch nicht brauche. Armut ist hier sehr relativ. Obwohl uns nichts gehört, haben wir alles, was wir brauchen.

Ich vermisse nichts. In gewissem Sinn ist es dasselbe wie in einer Ehe, nicht wahr? Wenn man heiratet, dann gibt man auch seine eigene Wohnung auf und zieht mit dem Auserwählten zusammen. Man gibt seine Unabhängigkeit auf und richtet sein Leben ganz auf den neuen Partner aus. Und obwohl ich viel aufgegeben habe, fühle ich mich nicht so, als hätte ich etwas verloren.

Es macht mir sehr viel Freude, Dinge zu verschenken. Ich habe jahrelang den Verlobungsring meiner Großmutter besessen. Gerade zu der Zeit, als ich hierher kam, verlor meine Schwägerin ihren Verlobungsring. Mit dem Einverständnis meines Vaters gab ich ihr also den Ring meiner Großmutter. Meine Klamotten habe ich alle an meine Freundinnen verschenkt. Es war genauso schön, meine Besitztümer wegzugeben, wie es vorher schön war, sie zu erwerben.

Hier gibt es kein Besitzdenken. Es heißt nicht mehr: „Das ist *meine* Arbeit", oder: „Das ist *mein* Buch", oder: „Das ist *mein* Zimmer" – es gehört ja sowieso alles dem Orden. Es ist unser Buch, unsere Arbeit.

Es gibt auch die geistige Armut, aber ich glaube nicht, dass ich das erklären kann. Fragen Sie mich am besten in zehn Jahren noch mal. Was haben denn die anderen dazu gesagt?

KEUSCHHEIT. Hier im Kloster geloben wir Keuschheit, nicht den Zölibat. Keuschheit geht über das bloße „keinen Sex haben" hinaus. Es bedeutet, dass man sich ausschließlich auf Gott ausrichtet. Man liest keine Liebesromane und geht nicht auf Partys.

Es ist ja auch ganz klar: Wenn man verheiratet ist, dann ist der Ehemann oder die Ehefrau der Mittelpunkt des Lebens. Es ist nicht gut, wenn man als Ehefrau den ganzen Tag mit der Nachbarin schwätzt oder anderen Männern nachguckt. Das tut der Ehe nicht sehr gut. Genauso ungut ist es, wenn man sich zwar innerlich auf den Ehepartner ausrichtet, aber Sex mit dem Nachbarn hat. Wenn wir keusch bleiben, dann widmen wir unseren Geist und unseren Körper ganz Gott. Das heißt also: keine romantischen Filme oder Jackie-Collins-Bücher mehr. Schade eigentlich, ich mag Jackie Collins. Ähm, ich meine natürlich, ich *mochte* Jackie Collins!

Ich bin sehr froh, dass ich vor meinem Eintritt in den Orden noch Jungfrau war. Ich hatte zwar feste Freundschaften, und obwohl diese Freundschaften körperlich schon sehr weit gingen, waren wir nie bis zum Geschlechtsverkehr gegangen, auch wenn es manchmal beinahe dazu gekommen wäre. Der tolle junge Mann, mit dem ich länger zusammen war und von dem ich weiter oben erzählt habe, war auch in dieser Hinsicht sehr rücksichtsvoll. Die Tatsache, dass wir nie miteinander geschlafen haben, bedeutet aber nicht, dass wir nie erregt gewesen wären. Die körperliche Nähe zu ihm hat mir sehr gefallen. Schließlich bin ich eine ganz normale Frau und habe keine Angst vor meiner Sexualität.

Ich bin froh, dass ich als Jungfrau gekommen bin, aber ich weiß eigentlich gar nicht so genau, warum ich darüber so froh bin. Mir gefällt die Tatsache, dass ich unberührt bin, weil ich mich so vermutlich besser auf Gott konzentrieren kann und nicht immer Hintergedanken habe, wenn ich einen Mann sehe.

Natürlich fallen mir attraktive Männer immer noch auf; ich bin ja nicht blind. Aber das geht nicht so weit, dass ich am liebsten meine Tracht in die Ecke schmeißen und mit diesem Mann durchbrennen würde. Doch ich schätze es, dass Gott diesen Menschen geschaffen hat und dass er so attraktiv ist. Halleluja! Genauso schaue ich vielleicht eine andere Frau an und denke: „Wow, was hat diese Frau für eine wunderbare Figur! Da hat Gott sich wieder mal selbst übertroffen!"

Aber ich schaue keinen Mann mehr an und überlege: „Wie kann ich mir den bloß angeln?" Vielleicht denke ich: „Na, der ist aber sympathisch!" Aber weiter geht es nicht. Nicht, weil ich es „unterdrücke". Ich handele einfach nicht nach meinen Gedanken.

Wenn man mit seiner Sexualität im Reinen ist, so wurde mir gesagt, kann man das Hohelied Salomos laut vorlesen, ohne rot zu werden. Ich glaube, das ist ein sehr amüsanter Test. Ich hatte noch nie Probleme damit; ich finde das Hohelied Salomos wunderschön und lese es gern. Ich versuche nicht, meine Sexualität zu verstecken oder zu verleugnen und bin gerne eine Frau – mit allem, was dazugehört.

Ich kann es anerkennen und schätzen, wenn ein Mann gut aussieht, aber ich habe deshalb nicht gleich den Wunsch, mit ihm zu schlafen. Und das ist eine Erleichterung, denn früher haben sich meine Gedanken ständig darum gedreht, wer nett ist und wer nicht und wer mich mögen könnte. Dabei war das gar nicht meine Art; es haben nur alle darüber geredet und ich dachte, ich müsste mich anpassen, um dazuzugehören.

Die Welt redet mir immer wieder ein, dass ich die wichtigsten Erfahrungen meines Lebens versäume, indem ich mich der Keuschheit verpflichtet habe. Aber auch wenn es absurd klingt: Ich habe doch Gott!

Manche Leute finden in ihrem Beruf Erfüllung oder in ihrer Ehe und Familie. Doch das ist nicht meine Berufung. Ich will etwas anderes; es würde mir nicht genügen, nur nebenbei Christ zu sein. Ich glaube nicht, dass ich hier irgendetwas verpasse. Ich habe eher das Gefühl, dass ich unendlich viel gewinne und viel mehr geben kann, als ich es je getan habe.

Auch bei mir gab es eine Phase, wo ich das sah wie alle anderen Mädchen auch. Das war von ungefähr 18 bis 20. Ich sehnte mich nach einem Mann, mit dem ich Kinder haben konnte. Aber in Wirklichkeit glaube ich nicht, dass ich je eine gute Mutter abgeben würde – obwohl meine Mutter und meine Großmutter da ganz anders denken. Meine Mutter sagt, das Einzige, was sie an meinem Nonnesein schade findet, ist, dass ich nie Kinder haben werde. Aber Kinder zu haben ist eine Berufung an sich, und ich glaube nicht, dass es meine Berufung ist.

Es ist mir wichtig zu betonen, dass die Türen des Konvents nicht verriegelt sind und dass es auch keine Mauer drumherum gibt. Und falls ich in 10 oder 20 Jahren gehen wollte, würde mich niemand festhalten. Das wäre dann so etwas wie eine Scheidung und mindestens genauso schwierig, was den ganzen Papierkram und die emotionale Spannung betrifft.

Die Leute schauen mir immer hinterher, wenn ich in meiner Tracht ausgehe. Ich glaube, das kommt daher, weil ich so jung bin. Meine Mutter meint, sie denken wahrscheinlich: „Oh, aber sie ist doch ganz normal und sieht sogar hübsch aus! Warum steckt sie bloß in einer Tracht?"

Tja, so ist das nun mal.

Manche Leute sagen, dass das hier ein „unnatürlicher" Lebensstil ist, und ich muss ihnen da vollkommen zustimmen. Es ist wesentlich normaler, zu heiraten und Kinder zu bekommen. Aber was soll's? Gott beruft die Menschen eben zu ganz verschiedenen Lebensstilen. Jesus war ja auch nicht verheiratet. Es gibt natürlich Leute, die sagen, dass er schwul war oder dass er mit Maria Magdalena verheiratet war, aber laut der Bibel war er nie verheiratet. Er lebte im Gehorsam gegenüber Gott, seinem Vater, und er führte ein Leben in Armut. Er hat gesagt, dass er keinen Platz habe, an dem er sein Haupt hinlegen könne.

99,9 % aller Menschen sind zu einem ganz normalen Leben berufen. Gott hat ja auch am Anfang schon Mann und Frau als Partner füreinander geschaffen; es ist also ganz normal, wenn sie auch als solche zusammenleben. Aber ich bin sehr glücklich mit meinem Leben, das eben nicht ganz normal ist.

GEHORSAM. Das ist für mich der schwerste Teil des Klosterlebens: Gehorsam gegenüber der Gemeinschaft als Zeichen des Gehorsams gegenüber Gott. Das ist für jemanden aus meiner Generation ein totales Bürsten gegen den Strich!

Als ich noch arbeiten ging, war es für mich so wichtig, ernst genommen zu werden, meine eigene Meinung zu vertreten und für mein Durchsetzungsvermögen anerkannt und geschätzt zu werden. Wenn man in meinem Alter ins Kloster geht, ist man mit einem Mal wieder wie ein Kind. Man ist als Novizin einfach nicht in der Position, sich mit jemandem zu streiten. Wenn jemand dich bittet, etwas zu tun, sagst du: „Ja, Schwester", und tust es, auch wenn es dir absurd vorkommt. Man sieht jemanden, der etwas auf eine ganz falsche Art und Weise macht, und er verschwendet seine Zeit und seine Energie, aber im Gehorsam akzeptiert man, dass man gebeten wurde, es so und nicht anders zu tun.

Ein gutes Beispiel sind Geschirrhandtücher. Nach dem Waschen wird hier bei uns ein Geschirrhandtuch geplättet, und zwar mit der Hand. Das heißt, man verbringt eine Ewigkeit damit, das Tuch mit der Hand auszubreiten, glatt zu streichen und es dann so aufzuhängen, dass man es nicht bügeln muss. Meiner Meinung nach könnte man es genauso gut einfach so trocknen lassen, wie es ist, und dann bügelt man kurz darüber. Das wäre viel zeitsparender und einfacher. Aber so wurde es hier immer gemacht, also mach ich es auch so. Und das ist Gehorsam! Die bringen mich um, wenn sie lesen, dass ich das gesagt habe ...

Ein anderes Beispiel: Wir haben zwar eine Spülmaschine, aber bevor wir das Geschirr in die Maschine stellen, waschen wir es ab, und nach dem Rausnehmen trocknen wir es ab. Warum muss es hinterher noch mal abgetrocknet werden? Wenn man das Geschirr einfach ein paar Augenblicke stehen lässt, trocknet es doch von selbst. Gott trocknet es! Aber nein – so ist es immer gemacht worden. Also trocknen wir das Geschirr ab.

Sie sehen also, für mich liegt das Problem beim Gehorsam nicht in den großen Dingen, sondern es sind die kleinen Dinge, die mir etwas ausmachen. Ab und zu muss ich deswegen einfach in den Wald laufen und schreien. Das befreit!

Es gibt hier viele Beispiele für solche kleinen nervtötenden Dinge. Gerade dieses Kloster hier ist zum Teil sehr altmodisch, aber es hat sich auch schon einiges gebessert, seit ich hier bin. Es gibt viele Veränderungen. Es gibt aber auch Traditionen, die man glücklicherweise beibehalten hat, wie zum Beispiel aufzustehen, sobald die Mutter Oberin hereinkommt. Das ist eine schöne

Geste der Achtung, finde ich. Man steht auch auf, wenn ein Besucher hereinkommt oder den Raum verlässt, als Zeichen der Demut und um dieser Person Achtung zu erweisen. Können Sie sich eine Gesellschaft vorstellen, wo die Leute sich gegenseitig auf dieser Ebene Ehre erweisen? Eine Achtzigjährige, die aufsteht, weil ein Besucher den Raum betritt, hat etwas sehr Rührendes an sich.

Was Gehorsam in großen Dingen angeht, so gibt es in unserer Ordnung eine Regel: Wenn man gebeten wird, etwas zu tun, wozu man sich nicht berufen fühlt, kann man dem Gegenüber erklären, warum man diese Sache nicht tun möchte. Dann sagt die andere: „Wir denken noch einmal darüber nach." Wenn sie aber sagt: „Es tut mir Leid, aber wir möchten, dass du das tust", dann tue ich es auch – im Gehorsam.

Ich kann Ihnen sagen, welche Dinge mich hier im Orden verrückt machen. Wenn wir zum Beispiel gemeinsam die Psalmen aufsagen und jemand ist völlig aus dem Rhythmus. Ich mag es, wenn alle Worte wie aus einem Munde kommen. Aber wenn jemand zu schnell oder zu langsam spricht, dann verliert die ganze Sache ihre Schönheit und auch ihren kontemplativen Nutzen. Die Tage, wo einer stocktauben Mitschwester höflich gesagt wurde, sie solle bitte nicht mehr mitsingen, sind endgültig vorbei. Heute singen und sprechen alle, und wenn jemand nicht im Rhythmus ist, ist das einfach blöd. Aber es klingt wirklich sehr schön, wenn alles richtig läuft!

Wenn ich etwas ändern sollte, dann würde ich viel mehr Weihrauch benutzen. Die Menschen opfern Gott schon seit Jahrtausenden Weihrauch, schon zu Zeiten des Alten Testaments. Ich finde es eine gute Sitte. Aber man muss natürlich akzeptieren, dass jeder eine andere Vorstellung von Kirche hat. Hier verwenden wir nur bei großen Festen Weihrauch.

Aber das sind wirklich nur Kleinigkeiten und Fragen des persönlichen Geschmacks. Im Großen und Ganzen fühle ich mich hier sehr wohl und weiß, dass das hier mein Platz ist, an den ich gehöre.

Ich kann hier wirklich entspannt und ganz ich selbst sein. Ich kann viel Zeit mit Gott verbringen. Bevor ich in den Orden eintrat, habe ich mich immer damit abgemüht, ein regelmäßiges Gebetsleben zu führen. Ich schaffte es einfach nicht, denn ich hatte sehr wenig Selbstdisziplin.

Wenn man ständig engen Kontakt zu Gott halten möchte, geht das hier natürlich am einfachsten. Man hat dauernd feste Gebetszeiten. Man hat die Hilfe und die Disziplin der anderen um sich. Man muss nie darüber nachdenken, wann man sich ein bisschen Zeit zum Beten abknapsen könnte und wo man ungestört sein kann. Ich muss mich nicht um meinen Job und meine Karriere kümmern. Ich muss keine 65 Telefongespräche pro Tag führen.

Wenn ich die Arbeit für heute nicht schaffe, dann ist es nicht schlimm. Ich kann sie auch morgen fertig machen. Oder es hilft mir jemand. Hier helfen wir uns gegenseitig. Wenn man krank ist, dann wird man gepflegt. Wenn man freudige Nachrichten hat, dann freuen sich alle darüber. Wenn meine Familie zu Besuch kommt, dann ist der ganze Orden aufgeregt, weil „ihre" Familie zu Besuch kommt. Es ist nicht bloß *meine* Mutter und *mein* Vater, sondern alle fühlen sich mit ihnen verwandt. Wir teilen nicht nur unseren Besitz miteinander, sondern auch unser Leben. Wenn meine Eltern im Urlaub sind, schreiben sie allen Schwestern hier eine Karte. Und weil die Schwestern meine Familie so sehr akzeptiert haben, kann meine Familie auch sie akzeptieren.

Hier wird überhaupt nicht über einen geurteilt. Es ist egal, ob man Pickel hat oder so dick ist wie ein Elefant. Man wird trotzdem gemocht. Und was ist schon dabei, wenn eine Schwester morgens gern eine Tasse Kaffee über ihr Müsli gießt? Andere Leute denken: „Igitt!" Aber hier geht es nach dem Motto: Wenn sie es nun einmal so mag, dann lass sie doch!

Man akzeptiert, dass jede ihre Macken und Marotten hat. Hier trägt nicht nur jede Frau eine seltsame Tracht, sondern jede hat auch komische Angewohnheiten. Aber hier es ist nicht wichtig, ob jemand an den Nägeln kaut. Jede Frau hier hat die Freiheit, sie selbst zu sein.

Man muss sich nicht den Kopf zerbrechen über die neueste Mode, den Job, das Geld oder sonstige Dinge, man ist ganz frei dafür, für die Leute zu beten, die Sorgen haben. Und man kann den ganzen Tag einfach mit Gott zusammen sein und seine Nähe genießen. Und das ist wirklich wunderbar.

Schwester Teresa hat mittlerweile ihr lebenslanges Gelübde abgelegt.

Sie schreibt: „Der Gottesdienst war wunderschön. Meine ganze Familie ist gekommen – es war nicht leicht für sie, aber ich weiß, auch ihnen hat dieser Tag gefallen.

Am Ende des Gottesdienstes gab es eine gesungene Replik, ein sehr bewegendes Musikstück, das aus Frage und Antwort besteht. Ich sang bei den Schwestern mit, die antworteten. Meine erste Zeile lautete: ‚Er ist mein Geliebter, und er ist mein Freund … Ich war immer sein und werde es immer bleiben.‘

Ich gehöre Jesus. Was soll ich sonst noch sagen?"

Schwester Rachel

Schwester Rachel
Orden des Heiligen Johannes – Birmingham, England

Eine meiner Freundinnen meinte zu mir:
„Du kannst ja auch heiraten, normal sein,
Kinder kriegen und Gott trotzdem dienen,
weißt du. Dazu musst du doch nicht
gleich Nonne werden!"

Um zu diesem Kloster zu gelangen, muss man mitten ins Zentrum von Birminghams asiatischem Viertel fahren. Das alte Kloster musste im Laufe der Zeit fast seinen gesamten Grundbesitz verkaufen, so dass es jetzt einen etwas beengten Eindruck macht. Ich hatte das Gefühl, dass Geld hier wirklich Mangelware ist. Obwohl fast alle Schwestern schon älter sind, tragen sie keine Tracht und sind sehr ungezwungen und locker.

Man beschließt, während des Mittagessens das übliche Schweigen zu brechen, solange ich da bin, und über das Buch zu reden. Einige der Schwestern kommen mir vor wie Bilderbuch-Omas, immer zufrieden, gesund und lächelnd. Alle Schwestern sind offensichtlich ganz vernarrt in ihre jüngste Novizin und sehr stolz auf sie. Irgendwie wünschte ich, es gäbe noch mehr junge Schwestern in diesem Orden, aber alle Nonnen legen eine Begeisterung und Energie an den Tag, die ihr Alter Lügen zu strafen scheint.

Ich werde eingeladen, dem traditionellen Mittagsgebet in der Kapelle beizuwohnen. Ein großes Kruzifix mit dem gekreuzigten Christus nimmt den Platz über dem Altar ein, doch die Andacht für den heutigen Tag, in der es darum geht, wie wichtig Vergebung ist, könnte in ihrer Aktualität eine Antwort auf die Schlagzeilen in der Morgenzeitung sein. Ich bin gerührt darüber, dass mein Leben, meine Familie und der Fortgang dieses Buches in ihre Gebete mit eingeschlossen werden, obwohl ich doch eben erst angekommen bin.

Schwester Rachel ist 29 Jahre alt und seit einem Jahr im Orden.

Ich dachte, ich würde in ein wunderschönes, idyllisches altes Kloster auf dem Land kommen, mit einem riesigen Garten und Kreuzgängen und Schwestern in Ordenstracht und alledem. Aber wo bin ich hingeraten? Mitten in ein heruntergekommenes Viertel direkt im Stadtzentrum. Hier gibt es keine Kreuzgänge, von einem idyllischen Garten ganz zu schweigen, und alle tragen Zivil.

Der Orden wurde 1848 von einem Bischof und einem Arzt gegründet, dem die schlechten Pflegebedingungen in der Stadt Sorgen machten. Die Nonnen begannen dann damit, Krankenschwestern auszubilden. Einige der Schwestern gingen mit Florence Nightingale auf die Krim, und das „Mutterkreuz", das Schwester Christine jetzt trägt, wurde ebenfalls auf die Krim mitgenommen. In den dreißiger Jahren legten die Schwestern dann ihre Gelübde ab, und das Ganze wurde zu einer religiösen Gemeinschaft. Die Schwestern leisteten aber auch weiterhin Hebammendienste und pflegten Kranke im Ostteil Londons, und es gab ein Pflegeheim in Hastings.

Anfang der siebziger Jahre ging eine Gruppe von Schwestern nach Malawi, um dort eine Hebammenschule zu gründen, und 1976 wurde das Mutterhaus des Ordens nach Birmingham verlegt. Im Moment sind alle Schwestern hier ausgebildete Krankenschwestern, aber man muss nicht mehr unbedingt Krankenschwester sein, um dem Orden beizutreten. Die Hauptthemen dieser Gemeinschaft sind aber immer noch Gesundheit, Heilung und Versöhnung.

Das einzige unerklärliche geistliche Erlebnis hatte ich als Kind im Alter von ungefähr fünf Jahren, und ich kann mich noch sehr deutlich daran erinnern. Meine Mutter badete gerade meinen Bruder und mich. Als meine Mutter meinen Bruder aus der Wanne herausnahm, kam mir plötzlich die Welt ganz groß und ich selbst mir ganz klein vor – so als ob Gott mich irgendwie berühren würde. Ich kann es nicht erklären, aber es war ein Gefühl, als ob ich darin bestätigt wurde, in dieser riesig großen Welt ich selber zu sein. Das gab mir eine Ahnung davon, wer ich überhaupt war und wie das Leben einmal sein könnte. Mir ist klar, dass das jetzt nicht sehr nachvollziehbar klingt, aber ich kann es nicht besser erklären.

Mein Vater war Geologe im Auslandsdienst und meine Mutter Missionarin in Botswana. Mein Bruder und ich wurden in Südafrika geboren. Als wir alle nach England zurückkehrten, kam ich sofort in die Schule. Das war für mich ein Schock, denn in Afrika war ich so ziemlich mir selbst überlassen gewesen. Meine Mutter war außerdem zu dieser Zeit krank, und mein jüngerer Bruder und ich wurden für eine Weile zu meiner Tante und zu meinem Onkel geschickt. Es war für uns alle schwierig, uns in England einzugewöhnen.

Wir zogen in ein kleines Dorf in der Nähe von Cambridge, wo ich den Großteil meiner Jugend verbrachte. Ich besuchte die Grundschule des Ortes und ging dann weiter auf die Gesamtschule, was mir gar nicht gefiel. Diese Schule war groß und es herrschte ein raues Klima. Es fiel mir schwer, dort Freunde zu finden. Ich hatte viele Ängste und war ein ziemlich schüchterner, verklemmter Teenager; irgendwie gehörte ich nie dazu.

Ich habe mich in dieser Umgebung nie so richtig eingelebt, aber ich blieb bis zum Abitur. Danach ging ich auf die Universität, um Griechisch und Latein zu studieren. An der Uni war ich plötzlich mit all den anderen Studenten zusammen und ging voll in der Party-Szene auf. Wir blieben bis zwei Uhr morgens weg und schliefen bis elf. Ich hatte viele Freunde dort. Ich glaube, es war das ganz normale Studentenleben. Nachdem ich die Uni beendet hatte, begann ich eine Ausbildung als Krankenschwester.

Ich muss aber erst noch ein bisschen weiter zurückgehen. In meiner Jugend waren wir immer sehr ins kirchliche Leben eingebunden gewesen. Es handelte sich dabei um die anglikanische Hochkirche, aber das war nicht der kirchliche Hintergrund, aus dem meine Mutter kam. Sie hatte freikirchliche Wurzeln. Ich weiß noch, dass einmal eine Notiz in der Kapelle angeschlagen war, auf der stand: „Das heilige Sakrament wird ausgeteilt." Ich fragte meine Mutter: „Was soll denn das heißen?", und sie meinte: „Das bedeutet, man muss ruhig sein."

Meine Mutter war Pastorentochter und als ich so zwischen sechs und acht Jahre alt war, ging sie öfters zu Versammlungen der Quäker, wo einfach nur geschwiegen wurde. Manchmal begleitete ich sie auch dorthin. Ich erinnere mich, wie ich neben ihr saß, während alles um uns herum ganz still war. Ich glaube, das hat einen tiefen Eindruck bei mir hinterlassen.

Als Teenager machte ich mir viele Gedanken darüber, ob Gott existiert oder nicht, und ich fand, es gibt nichts, womit man die

Existenz Gottes beweisen könnte. Trotzdem konnte ich nicht anders, als an ihn zu glauben. Mit 15 wurde ich dann konfirmiert. Ich wollte unbedingt konfirmiert werden; niemand hat mich dazu gedrängt. Mir wurde sogar gesagt, ich sollte mich erst dann konfirmieren lassen, wenn ich wirklich dazu bereit sei. Doch ich wollte zur Kirche dazugehören, zu Gott. Durch diese Entscheidung bin ich sehr gewachsen, denn ich musste die Verantwortung für meinen Glauben selbst tragen. Es war nicht mehr etwas, was ich tat, nur weil meine Eltern gläubig waren.

Ab dem Alter von ungefähr 14 Jahren war ich davon überzeugt, dass ich wahrscheinlich dazu berufen war, Nonne zu werden. Aber ich erzählte niemandem etwas davon; es schien mir irgendwie zu absurd. Trotzdem war ich mir ganz sicher.

In meinem letzten Jahr an der Universität sah ich ein Baby in einem Kinderwagen und dachte: „Ich will aber nicht tun, wozu ich berufen bin; ich will heiraten und Kinder haben." Dieser Wunsch war sehr stark in mir und der Gedanke, Nonne zu werden, widerstrebte mir total.

Eine Zeit lang ging ich überhaupt nicht mehr in die Kirche, denn ich dachte, dass ich von meiner Berufung entbunden sein würde, wenn ich mit Gott nichts mehr zu tun hätte. Also gab ich den Glauben einfach auf. Fast ein Jahr lang genoss ich es, sonntagsmorgens im Bett liegen zu bleiben. Aber nachdem ich die ganz bewusste Entscheidung getroffen hatte, nichts mehr mit Gott zu tun haben zu wollen, merkte ich, dass Gott nicht einfach aus meinem Leben verschwindet, nur weil ich meine, er solle das tun. Ich hatte immer eine Menge Zweifel und Unklarheiten in Bezug auf meinen Glauben, und ich dachte, jetzt könnte ich mich ganz meinen Zweifeln hingeben und so tun, als ob Gott nicht existierte. Das tat ich dann auch, aber es klappte natürlich nicht. Trotzdem war es eine wichtige Zeit für mich, in der ich zu meinen eigenen Überzeugungen fand. Ich musste die Denkweise, die mir meine Familie vemittelt hatte, aufgeben und das finden, was für mich persönlich davon übrig blieb – und das war eine gute Erfahrung. Ich habe es nicht geschafft, mich ganz auf die Seite des Atheismus zu schlagen; ich kam eigentlich nur so weit, Agnostikerin zu sein. Immerhin. Eigentlich wollte ich aber nur vor meiner Berufung davonlaufen.

Nach dem Examen kam ich hierher nach Birmingham, und mit 22 bekam ich einen Job in einem Heim für geistig Kranke – hauptsächlich Schizophrene und Leute, die die meiste Zeit ihres Lebens in einer Irrenanstalt verbracht hatten. Es war eine Art betreutes Wohnen und ich lebte mit den Leuten dort zusammen. Es war sehr intensiv und lehrreich. Ich habe in dieser Zeit einige gute Freunde gefunden und kam mehr mit den Leiden der Menschen in Berührung als je zuvor.

Ich dachte wieder mehr über meinen Glauben nach. Ob Gott noch immer an mir interessiert war? Ich sagte zu Gott: „Wenn du mich immer noch für etwas Bestimmtes vorgesehen hast, musst *du* etwas tun, denn *ich* habe einfach keine Ahnung, was du von mir erwartest."

An einem Dienstag wollte ich einkaufen gehen, spürte aber, dass es mich unwiderstehlich zum Abendmahl in die Kathedrale von Birmingham zog. Schließlich ging ich hin, und der Vikar meinte: „Heute ist das Fest des Heiligen Antonius in der Wüste, eines Patrons dieses Ordens, und wir beten, dass sich Menschen zum Dienst in den religiösen Einrichtungen berufen lassen. Ich habe für heute Schwester Dorien vom Orden des Heiligen Johannes eingeladen, die uns das Abendmahl austeilen wird."

Ich dachte nur: „Oh nein! Schon wieder das Nonnenthema!"

Doch ich hatte das Gefühl, ich sollte mit dieser Nonne sprechen. Nach der Messe fasste ich mir also ein Herz und sprach sie an. „Ähm, könnte ich vielleicht kurz mal mit Ihnen sprechen? Ich glaube, Gott möchte, dass ich ins Kloster gehe."

So kam ich zum ersten Mal zu Besuch hierher.

Ich zog zunächst einmal in das Schwesternheim des Ordens und lebte dort während meiner Ausbildung drei Jahre lang. Dann verbrachte ich sechs Monate im Kloster, in denen ich am Ordensleben teilnahm, während ich mir eine Stelle suchte. Ich war damals 26.

Danach nahm ich mir eine eigene Wohnung in Birmingham und arbeitete zwei Jahre lang in der Psychiatrie. Ich war auch eine Zeit lang in einer psychiatrischen Privatklinik tätig, was für mich eine sehr wertvolle Zeit war, denn da hatte ich mit den verschiedensten menschlichen Problemen zu tun. Ich war 28, als ich dann endgültig hierher kam.

Ich glaube, dass ich „berufen" bin. Meine Theorie ist, dass wir alle eine bestimmte Grundausrichtung für unser Leben haben und dass es im Rahmen dessen verschiedene Berufungen gibt. Ich glaube, dass ich zu diesem Leben berufen bin, und deshalb bin ich hier. In der Pubertät hatte ich überlegt, ob ich nicht Pastorin werden sollte, aber das Gefühl, dass ich zur Nonne bestimmt war, war stärker. Es war eine Art Vision und ein sehr starker Drang.

Ich kann mich an zwei Situationen erinnern, in denen mir sehr deutlich wurde, was das für mich bedeuten würde. Ich kenne ein Ehepaar, bei dem die Frau schwer krank wurde. Es beeindruckte mich zutiefst, wie der Ehemann seine kranke Frau mit echter Liebe und Anteilnahme umsorgte. Diese beiden hatten sich füreinander aufgeopfert. Es war mir vollkommen bewusst, dass ich diese Art von Liebe nie erleben würde, wenn ich Nonne werde.

Ein andermal beobachtete ich einen Freund der Familie mit seinem kleinen Sohn. Er beugte sich über den Kleinen und gab ihm einen Kuss auf den Kopf, und man konnte die tiefe Liebe dieses Vaters für sein Kind förmlich spüren. Ich wusste, dass ich das als Nonne auch nie erleben würde. Und diese Gefühle waren sehr stark.

Doch immer, wenn ich über das Nonnesein nachdachte, sagte eine Stimme in mir: „Genau das sollst du tun." Eine Stimme, die aus meinem tiefsten Inneren zu mir sprach – ich kann das nicht besser erklären.

Ich denke, Glaube ist keine intellektuelle Sache. Glaube ist die Antwort auf das, was in unserem Inneren vorgeht. Manchmal muss man einfach das ganze intellektuelle Zeug loslassen, das immer wieder fragt: „Na, wo bist du denn eigentlich, Gott? Und wer bist du?" Man muss sich von Gott berühren lassen. Manchmal hat Gott mich schon berührt, und ich habe seine Gegenwart deutlich gespürt und gemerkt, wie er in mir arbeitet. Das kommt zwar nicht sehr oft vor und ich kann es auch schwer mit Worten beschreiben, aber es ist einfach ein inneres Wissen. Als ich noch mit meiner Mutter zu den Versammlungen der Quäker ging, saß ich immer nur ganz still da und wusste, dass die Tür offen stand. Ich konnte durch diese Tür in einen Garten blicken. In dem Alter dachte ich noch nicht: „Gott ist hier", aber ich war mir bewusst, dass jemand Großes anwesend war.

Es ist sehr schwer, das Gefühl von Gottes Gegenwart zu beschreiben, ohne etwas von sich zu geben, das wie ein Klischee klingt. Man kann sagen: „Ich fühle Frieden", oder: „Ich spüre Freude", und es klingt irgendwie hohl, obwohl es manchmal genau das ist: Man fühlt einen Frieden, eine Freude und eine Erfüllung in sich.

Als Jugendliche war ich mal für fünf Tage auf einer Freizeit in einem Kloster, und ich hatte schon damals das Gefühl, dass dies das Richtige ist, dass man hier den Mittelpunkt seines Wesens finden kann und dass ich im Frieden mit mir selbst und mit Gott bin. Das war auch der Zeitpunkt, ab dem ich ernsthaft darüber nachdachte, in einen Orden einzutreten.

Meine Entscheidung, Krankenschwester zu werden, war ein Versuch, das, was ich glaube und fühle, praktisch werden zu lassen. Ich wollte anderen Menschen helfen und Gott etwas von seiner Güte zurückgeben. Meine Ausbildung zur Krankenschwester hatte andersherum aber auch Einfluss auf mein Glaubensleben und darauf, wie ich meine Berufung als Christ verstehe.

Ganz am Anfang meiner Ausbildung musste ich mich um ein Kind kümmern, das körperlich misshandelt worden war. Die Kleine schrie sich jeden Abend in den Schlaf. Sie war erst zwei Jahre alt. Sie schlief nur ein, wenn sie von jemandem im Arm gehalten wurde. Einmal saß ich an ihrem Bettchen und las ihr eine Geschichte vor. Als sie eingeschlafen war, fing ich an, für sie zu beten. Ich vertraute sie Gott im Gebet an, denn ich fragte mich, wie wohl ihr späteres Leben aussehen würde. Das war ein Augenblick tiefster Nähe zu Gott. Ich hatte wirklich das Gefühl, er stünde direkt neben mir.

Das beschreibt im Grunde, wozu ich mich berufen fühle: Ich soll einfach für die Leute da sein, die mich brauchen, und manchmal kann man nur für sie beten. Man ist oft hilflos, wenn man sieht, wie viel Unglück und Leid in unserer Welt herrschen. Das kann einen beinahe überwältigen.

Als ich darum bat, als Novizin angenommen zu werden, sollte ich vor den Schwestern des Ordens genau erklären, warum ich das wollte. Und ich wusste einfach nicht, was ich sagen sollte. Dauernd hörte ich: „Es wird dir schon einfallen, was du sagen sollst", aber das konnte ich nicht glauben, denn es war so schwer zu beschreiben. Wie konnte ich denn sicher sein, was für mich das Richtige war?

Es war März, und im Fernsehen wurden an diesem Abend die schrecklichen Bilder von dem Massaker an den Kindern in dieser Schule in Dunblane gezeigt. Ich konnte das alles kaum ertragen. Also ging ich in die Kapelle und setzte mich ganz hinten in die letzte Bank. Ich sagte zu Gott: „Hier bin ich und weiß eigentlich gar nicht, was ich sagen soll. Ich möchte beten, aber ich kann nicht. Was da passiert ist, ist so schrecklich! Ich kann einfach nur hier sitzen."

Ich hörte keine übernatürliche Stimme, aber ich wusste genau: Wenn ich jetzt „nein" zu meiner Berufung als Nonne sage, dann sage ich auch „nein" zu diesen Kindern. Ich musste diesen Menschen einfach beistehen, entweder durch meine körperliche Anwesenheit oder indem ich für sie betete. Ich musste „ja" zu meiner Berufung sagen.

Ungefähr zu der Zeit, als ich hierher kam, habe ich mir die verschiedensten Einsatzmöglichkeiten angeschaut und geprüft, welchen Dienst ich in Zukunft übernehmen wollte. Ich glaube, meine Aufgabe ist es, den Menschen auf ihrem Weg zur Ganzheitlichkeit zu helfen, so wie andere Leute mir dabei geholfen haben, innerlich zu wachsen und weiterzukommen. Deswegen mache ich auch einen Seelsorgekurs mit. Zu diesem Kurs gehen meist nur engagierte Kirchenbesucher und vielleicht ab und zu mal ein Priester; ich bin die einzige Ordensfrau. Bei der ersten Sitzung war ich nicht anwesend, und als man hörte, dass auch eine Nonne teilnehmen würde, haben alle eine alte Frau erwartet und waren ganz überrascht, mich zu sehen.

Ich werde auch in der Ortsgemeinde mitarbeiten, und ich hoffe, dass ich mich auch in der Arbeit mit den asiatischen und besonders den moslemischen Frauen aus unserem Viertel engagieren kann. Wir als Ordensleute müssen auf die Menschen zugehen, die um uns herum leben. Ich glaube, für mich ist es das Richtige, rauszugehen und in der Ortsgemeinde mitzuhelfen und zu lernen. Wir leben hier in einer recht ärmlichen Gegend, und diese ganz andere Kultur und Lebensweise der Asiaten würde ich gern kennen lernen.

Ich habe mir ein Leben ausgesucht, bei dem das Gebet im Mittelpunkt steht, und das verlangt einem viel ab. Man kann hier keinen Maßstab anlegen. Ich denke, dass für alle Christen das Gebet die Grundlage sein muss, der Eckstein für ihr geistliches Leben. Ich verbringe jeden Morgen eine Weile in der Kapelle und denke über den Tag nach. Während des Abendgebetes bete ich für meine Familie, meine Freunde, Leute, von denen ich gehört habe und Leute, die mich um Fürbitte gebeten haben. Vor Gott nehme ich kein Blatt vor den Mund. Manchmal renne ich in meinem Zimmer auf und ab und sage: „Gott, was soll das eigentlich? Greif doch ein! Ich werde Schwester Soundso sonst noch umbringen!"

Oh, schreiben Sie das bitte nicht, sonst wissen alle, wer es getan hat! Wo war ich stehen geblieben? Ach ja, bei der Auseinandersetzung mit Gott. Na ja, auf jeden Fall setze ich mich so mit den Problemen auseinander und laufe nicht vor ihnen davon. In einem Kloster kann man nicht vor Problemen fliehen. Man muss sie aufarbeiten. Man kann höchstens den Orden verlassen, und dann läuft man vor sich selbst davon und nimmt seine Probleme mit.

Gebet heißt, als Persönlichkeit zu wachsen. Wenn man meint, dass Gott einen im Orden haben möchte, dann muss man sich den schwierigen Dingen stellen. Wenn man betet, muss man bereit sein, verletzlich zu sein, sich seinen Erfahrungen zu stellen und damit fertig zu werden. Man kann natürlich sagen, dass das jedem so geht, ob er nun gläubig ist oder nicht, ob er betet oder nicht, aber in meinem Fall weiß ich ganz sicher, dass das Gebet mir geholfen hat. Bei jedem Problem frage ich Gott: „Wie soll ich denn nun damit umgehen?"

Ich sage Gott auch oft ganz genau, was er meiner Meinung nach bei einem bestimmten Problem tun sollte. Ob er dann tut, was ich möchte, und ob er es so tut, wie ich es möchte, ist eine andere Sache; aber auf jeden Fall sage ich es ihm.

Ich liebe die Schönheit der Natur und ziemlich oft gehe ich zum Beten spazieren und spüre den Wind in meinen Haaren, oder ich gehe in den Garten. Das ist eine sehr informelle Art des Gebets ohne Worte. Ich spüre, dass Gott mich umgibt, in mir und bei mir ist. Zum Beten braucht man keine Worte; beten kann man mit dem Herzen.

Wie stehen Sie zu Armut, Keuschheit und Gehorsam?

Ich habe noch kein Gelübde abgelegt und trage bisher nur die Novizentracht. Doch die Tatsache, dass man noch kein Gelübde abgelegt hat, bedeutet ja nicht, dass man zwischendurch mal eben sagen kann: „O, heute Abend gehe ich mal schnell mit einem Mann ins Bett". Wenn ich es jetzt nicht schaffe, darauf zu verzichten, wie soll ich es erst dann schaffen, wenn ich mein Gelübde abgelegt habe? Es ist so eine Art Probelauf.

ARMUT. Die Welt sagt: „Genug ist nicht genug. Nimm, so viel du kriegen kannst, und wenn du etwas haben willst, dann solltest du es auch bekommen, egal, welche Folgen das für andere Leute hat."

Die Armut sagt: „Ein kleines bisschen ist auch genug, sogar mehr als genug." Das ist Armut für mich. Wir leben ja schließlich hier nicht in Elend oder Entbehrung. Armut bedeutet nur, einen einfachen Lebensstil zu haben. Und dazu muss man etwas aufgeben. Man gibt die Möglichkeit auf, viele materielle Dinge zu besitzen, die einfach schön sind. Wir haben natürlich auch ein paar eigene Sachen – Wäsche, Gebrauchsgegenstände und so weiter –, aber wir haben nichts nur um des Besitzens willen.

Die Gelübde, besonders die der Armut und der Keuschheit, klingen ganz gut auf dem Papier. Zu dem bisher einzigen Weihnachtsfest, das ich im Kloster verbracht habe, bekam ich Briefe von ehemaligen Studienkolleginnen. Die eine ist verheiratet, die andere hat einen tollen Job und ein eigenes Haus. Ein anderer hat die große Liebe seines Lebens gefunden. Das hat mir klargemacht, auf was ich da verzichte. Und natürlich macht mir das etwas aus. Es *muss* einem etwas ausmachen, wenn es wichtig ist.

Es passiert leicht, dass unsere Persönlichkeit an unserem Besitz gemessen wird: dem Haus, in dem man lebt, der Art, wie man seine Wohnung einrichtet, dem Auto, der Kleidung. All diese Dinge sagen etwas über einen aus. Als Nonne kann ich mir in begrenztem Maße immer noch aussuchen, was ich anziehe. Wir kaufen in Second-Hand-Läden ein, und ich versuche die Dinge zu kaufen, die ich auch neu gekauft hätte. So trage ich Klamotten, in denen ich mich wohl fühle. Aber ich trage sie nur, weil ich sie einfach brauche oder weil sie von guter Qualität sind. Was will ich eigentlich damit sagen? Wahrscheinlich, dass ich mich nicht über meine äußere Erscheinung definiere und ausdrücke.

Wenn deine Identität nicht von dem bestimmt wird, was du besitzt, dann musst du dir selbst gegenüber treu sein. Wenn man sich nicht über äußere Dinge definiert, muss man ganz genau wissen, wer man eigentlich ist. Ich versuche hier nicht, das Musterbeispiel einer Nonne zu sein. Ich versuche, der Mensch zu werden, zu dem Gott mich berufen hat. Ich versuche, ich selber zu sein.

Manche Menschen sagen: „Wenn man mir mein Haus, meine Familie, mein Auto, meine Arbeit und alles, was ich besitze, wegnehmen würde, dann würde ich gar nicht mehr existieren." Das ist doch erschreckend, nicht? Dinge können verhindern, dass Leute erkennen, wer sie wirklich sind.

KEUSCHHEIT. Wir geloben hier sexuelle Enthaltsamkeit. Ich weiß nicht genau, was das Wort „Keuschheit" eigentlich bedeutet; es klingt auf jeden Fall ganz furchtbar nach Mittelalter. Aber wie man es auch nennt, es läuft immer auf dasselbe hinaus: Keinen Sex zu haben und keine Liebesbeziehung zu einem anderen Menschen einzugehen! Ich hoffe, dass ich deshalb nicht zu einer frustrierten alten Jungfer werde, sondern dass es mir hilft und mich freier für Gott macht, wenn ich mich nicht auf sexuelle Beziehungen mit Männern einlasse. Eine feste Beziehung erfordert eine Menge Energie, Zeit und Hingabe. Wir schenken diese Energie und Liebe Gott, der Gemeinschaft und der Welt. Was nicht bedeuten soll, dass wir irgendetwas gegen Sex hätten. Ich denke, es ist ein Geschenk Gottes. Gott hat die Sexualität geschaffen und er freut sich daran, wenn seine Kinder dieses Geschenk dankbar annehmen.

Wenn man verheiratet ist, dann richtet man sein Leben nach dieser anderen Person aus; man lebt sein Leben im Kontext des Partners. Man gründet eine Familie und ein Heim und muss sich um alles kümmern. Wenn man gelobt, im Zölibat zu leben, kann man sich von Gott und dem Orden in einem viel größeren Umfang gebrauchen lassen.

Die Tatsache, dass wir keinen Sex haben, bedeutet nicht, dass wir dadurch zu einer Art asexuellen Wesen werden. Ich freue mich daran, dass ich eine Frau bin (auch wenn ich Probleme mit PMS habe, und das ist wirklich nicht schön). Ich fühle mich mit meiner Weiblichkeit und mit meiner Sexualität wohl. Jede Frau, auch wenn sie keine sexuelle Beziehung hat, sollte ein Bewusstsein dafür entwickeln, wer sie ist und was es heißt, eine Frau zu sein. Für mich bedeutet Frau-sein . . . ach! Das hätte ich nicht sagen sollen, denn ich weiß nicht genau, was es für mich bedeutet, aber ich weiß genau, wie es sich *anfühlt*. Es geht darum, dass ich mich an meinem Körper freue und mir bewusst ist, dass dieser Körper schön ist, so wie er ist; dass ich zum Beispiel den Wind in meinen Haaren spüre, die Sonne auf meiner Haut, den Luftzug auf meinem Gesicht; dass ich ein warmes Bad genieße und mich an der Geschicklichkeit und Beweglichkeit meines Körpers freue. All das ist Teil meiner Persönlichkeit.

Bevor ich ins Kloster ging, hatte ich mehrere Freunde. Eine Beziehung war gefühlsmäßig sehr kompliziert, und obwohl wir nicht miteinander schliefen, war es im Grunde eine rein sexuelle Sache. Ich fand es schwer, da rauszukommen, aber ich wusste, dass es für mich nicht das Richtige ist. Es war eine unglückliche Situation, und ich glaube, dadurch bin ich sehr vorsichtig geworden. Ich hatte noch eine Reihe anderer Beziehungen, aber der Gedanke meiner Berufung stand immer stark im Vordergrund, und ich bin auch nicht der Typ, der oberflächliche Beziehungen eingehen kann.

Wenn ich mit einem Mann Sex hätte, dann würde das nur im Rahmen einer engen Liebesbeziehung passieren; ich wäre ganz für diesen Menschen da und würde ihn sehr tief lieben, und das wäre höchstwahrscheinlich nur innerhalb einer Ehe möglich. Ich glaube daher nicht, dass es eine gute Idee wäre, das mit dem Sex mal auszuprobieren, nur damit ich merke, was ich verpasse!

GEHORSAM. Ich sehe Gehorsam als Zuhören und Offensein gegenüber Gott und gegenüber den Leitern meines Ordens. Gehorsam ist die Bereitschaft, auf das, was man hört, zu reagieren und danach zu handeln. Ich denke, es ist nicht das, was es für ein Kind ist. Die Mutter sagt: „Mach jetzt dein Bett!", und dann muss man es machen. Es ist der Prozess, zum Zuhören bereit zu werden. Nicht nur der Einzelne hier, sondern der Orden als Ganzes unterliegt diesem Prozess. Bei allen Entscheidungen und Anforderungen geht es immer um das, was *Gott* will.

Ich kann mir zum Beispiel nicht vorstellen, dass ich mich anmelde, um einen Seelsorgekurs zu besuchen, und der Orden sagt: „Nein, das geht nicht. Der Geschirrspüler ist kaputt, und wir kaufen keinen neuen, weil wir ja dich haben." Entscheidungen der Ordensleitung sind immer geistlich geprägt und laufen dem Willen Gottes nicht zuwider. Jedenfalls ist das der Normalfall.

Es funktioniert so: Wir als Gemeinschaft hören auf Gott und aufeinander, und wir hören, wie Gott durch den anderen zu uns spricht. Wenn es mal vorkommen sollte, dass ich das Gefühl habe, ich sollte eine bestimmte Sache tun, aber der Orden ist ganz anderer Meinung, dann würde ich das Christine (wir gebrauchen hier nicht den alten Ausdruck „Mutter Oberin") einfach sagen. Dann würde noch einmal über die ganze Sache geredet.

Wenn das Kloster beispielsweise der Meinung ist, dass ich dazu berufen bin, ein Ordenshaus im Muroroa-Atoll im Südpazifik zu gründen, dann würde ich hingehen und sagen: „Nein, ich glaube nicht, dass das Gottes Aufgabe für mich ist." Dann würden sie sicher nicht beharren: „Doch, das ist aber dein Weg, du gehst, und damit basta!" Aber wenn sie nach einem ausführlichen Gespräch weiter darauf bestehen würden, dann würde ich wahrscheinlich gehen und es versuchen.

Ich glaube nicht, dass der Orden mich um etwas Sinnloses oder Schädliches bitten würde. Was sollten sie auch davon haben? Zum Noviziat gehört es auch, der Ordensleitung vertrauen zu lernen, und ich vertraue diesem Orden hier wirklich und denke, dass wir gemeinsam den Weg finden können, den Gott für mich geplant hat.

Draußen hatte ich nicht so sehr die Möglichkeit zu einer tief gehenden Beziehung zu Gott, wie ich sie hier entwickelt habe. Wenn ich nicht im Orden wäre und die Chance hätte, aufregende Orte zu besuchen und tolle Dinge zu machen, dann wäre das trotzdem ein Teil meiner Reise zu Gott, ein Teil meines Weges, die Person zu werden, als die Gott mich gemeint hat. Aber in dieser Umgebung hier kann ich diese Reise am besten machen. Ich sehe, seit ich hier bin, ganz klar viele gute Erfahrungen. Hier gibt es eine

Tiefe und eine Bedeutung der Dinge, die ist einfach richtig und sehr gut.

Aber manchmal ist es auch sehr frustrierend. Wenn beispielsweise um 6 Uhr morgens der Wecker klingelt oder ich mir schon wieder eine der endlosen „Damals, als wir Novizinnen waren ...“-Geschichten anhören muss oder wenn ich am Freitag das Abendessen mache und mich mit dem Fischrogen ablage, dann denke ich: „Warum bin ich bloß hier, Gott? Warum tue ich mir das an?“ Aber das kommt nur ganz selten vor.

Ich bin sicher, meine Eltern hätten es gern gesehen, wenn ich geheiratet und eine Familie gegründet hätte. Aber nun sehen sie, dass ich hier glücklich bin und unterstützen mich. Mein Bruder ist etwas besorgt um mich, weil ich mich „in einem Kloster verstecke“, und er hat Angst, dass ich frühzeitig eine vertrocknete alte Jungfer werde. Aber ich glaube, wenn er merkt, dass ich wirklich von Herzen gern hier bin, wird er es auch akzeptieren. Eine Menge Freunde, die mich vor meiner Zeit als Nonne kannten, haben zu mir gesagt: „Rachel, du siehst so glücklich aus. Das scheint ja das Richtige für dich zu sein.“

Die Realität hat sie überzeugt.

Rachel hat mittlerweile ihren Abschluss in Seelsorge und Problemberatung gemacht. Sie arbeitet zwei Tage pro Woche in einem Krankenhaus und zwei Tage pro Woche an der Aston-Universität, wo sie ehrenamtlich tätig ist. Im nächsten Jahr möchte Rachel ihre Gelübde für die nächsten drei bis sechs Jahre ablegen.

Schwester Helen

———◦———

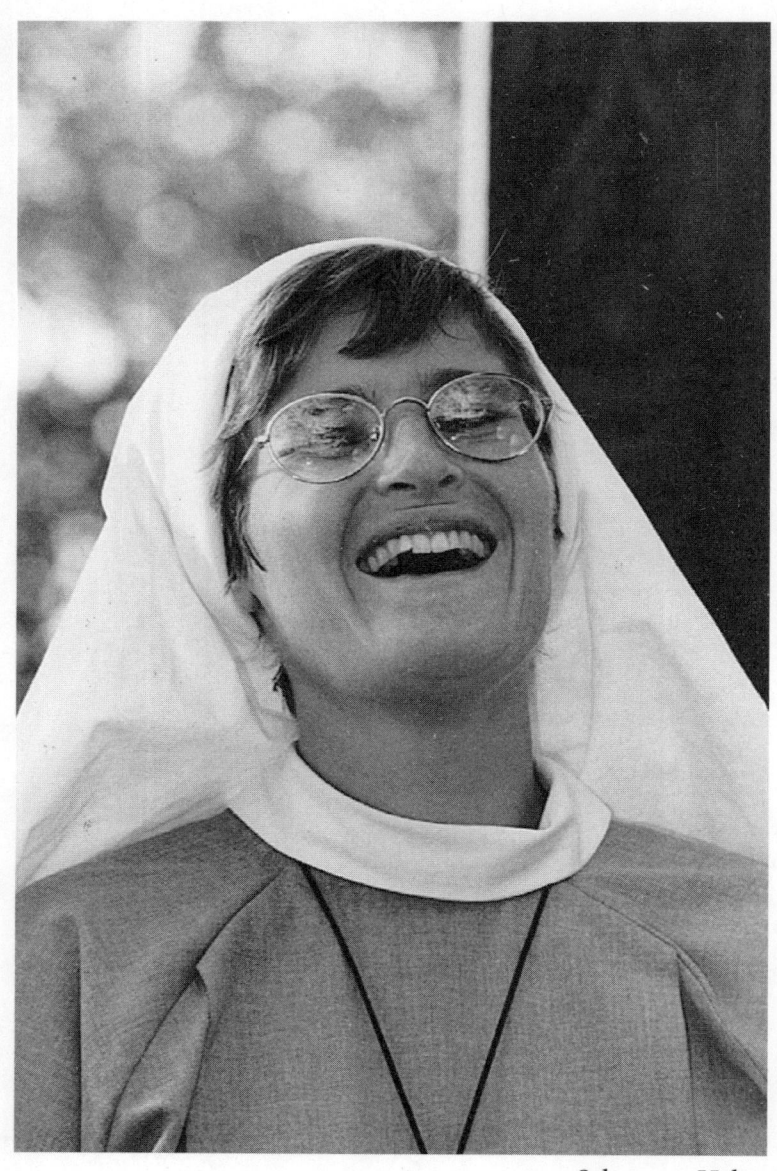

Schwester Helen
Orden des Heiligen Geistes – Yorkshire, England

Als ich erzählte, dass ich Nonne werden will,
fragte ein Arbeitskollege mich ganz erstaunt:
„Was? Du willst einen Job machen,
für den du nicht bezahlt wirst,
und dann darfst du nicht mal Sex haben?"
Ich antwortete: „Hm, ja, im Grunde hast du Recht."
Er war völlig entsetzt.

Der Orden der Schwestern des Heiligen Geistes liegt in einer bezau-
bernden Landschaft auf einer Klippe mit einem herrlichen Blick auf
das Meer. Ein kräftiger Wind heult unablässig um die Klostermau-
ern. Ein anstrengender Aufstieg von der Bushaltestelle des Ortes
führt den Besucher zu einem traditionsreichen und wunderschönen
Kloster. Wenn man sich einen Orden aufgrund des Gebäudes aussu-
chen würde, dann würde die Entscheidung wohl bei den meisten
Menschen spontan auf dieses Kloster fallen.

Das Refektorium hat große Fenster, die den Blick auf die hügelige
Landschaft und das Moor freigeben, und wenn die Nonnen das Mit-
tagessen einnehmen, dann hören sie die Radionachrichten. Es ist
irgendwie unpassend und leicht komisch, wenn man Politiker in
dieser friedvollen Atmosphäre hitzige Reden schwingen hört. Aber
sobald das Mittagessen vorüber ist, wird der Radiosprecher einfach
mitten im Satz abgedreht.

Schwester Helen ist 30 Jahre alt und seit zwei Jahren Novizin. Sie
hat ein fröhliches Wesen und steht mit beiden Beinen fest auf der
Erde; ich habe mich gefragt, wie die anderen Schwestern mit diesem
Energiebündel zurechtkommen. Sie hat bei keiner Antwort gezögert
oder sich gefragt, was die anderen im Orden wohl darüber denken
könnten; sie schien zuversichtlich, dass die anderen alles, was sie
sagte, gut aufnehmen würden.

Ich fand ihre absolute Ehrlichkeit im Hinblick auf die Probleme
des Noviziats sehr spannend und auch ungewöhnlich, da ich als
Journalistin oft mit dem Vorurteil zu kämpfen habe, mir sei nicht zu
trauen. Doch Helen plauderte mit mir wie mit einer guten Freundin
bei einer Tasse Tee.

Jesus fasziniert mich absolut, und deshalb bin ich hier. Als ich
hierher kam, war mir das noch nicht so richtig klar; erst im vergangenen Jahr habe ich gemerkt, was los ist. Er hat mich so sehr
in Beschlag genommen, dass ich glaube, es gibt keinen Platz mehr
für eine andere „wichtige Person" in meinem Leben, was für meinen Freund natürlich ein großer Schlag war. Ich mag diese ganze

Metaphorik von dem Brautsein für Christus nicht; das klingt so exklusiv. Aber wenn man es ganz genau nimmt, trifft es eigentlich bei mir den Nagel auf den Kopf. Für mich ist das Klosterleben wie eine Ehe mit Gott.

Ich hatte früher einen ganz normalen Vollzeitjob als Archivarin, und ich mochte meine Arbeit. Aber ich spürte, dass ich zu etwas anderem berufen bin. Meine Arbeit und mein Engagement in der Gemeinde waren für mich nicht genug; ich wollte mehr.

Irgendwann dachte ich: „Also, das bedeutet dann wohl, dass ich Nonne werden soll!", aber an diesem Punkt war ich noch nicht bereit, wirklich darüber nachzudenken, denn ich hatte einen Freund und wir verstanden uns gut. Wie hätte ich ihm das erklären sollen? Also versuchte ich, das Ganze einfach zu vergessen.

Ich habe nie so ganz begriffen, was man mit dem Ausdruck „berufen" eigentlich sagen will – obwohl ich denke, dass ich in gewissem Sinn tatsächlich berufen wurde. Der Wunsch, ins Kloster zu gehen, wurde so stark, dass ich ihn nicht länger ignorieren konnte. Irgendwie war alles, was ich tat, nicht mehr genug. Doch woher kam dieser starke innere Drang? Ist das eine Berufung? Ich weiß es nicht. Ich glaube, der Heilige Geist treibt einen dazu, aus der so geliebten Routine auszubrechen, indem er sagt: „Hey, du wirst niemals glücklich, wenn du so weitermachst. Hast du darüber schon mal nachgedacht?"

Manchmal glaube ich, dass es Leute gibt, die von ihrem Wesen und von ihrer Art her dafür geschaffen sind, in einer Gemeinschaft zu leben und die in dieser Lebensweise die absolute Erfüllung finden. Ob das etwas ist, was tief in deiner Psyche verwurzelt ist und dann aus deinem Unterbewusstsein an die Oberfläche dringt, oder ob es wirklich Gott ist, der dich am Schlafittchen packt und dir sagt: „Komm, genau an diesem Platz will ich dich haben!" – das weiß ich nicht. Ich vermute, beides liegt so dicht nebeneinander, dass man es schwer trennen kann. Wo beginnt das Unterbewusstsein und wo hört es auf? Und wie äußert es sich, wenn Gott in dir am Wirken ist? Ich glaube, dass niemand von sich aus auf die Idee kommt, ins Kloster zu gehen. Da muss schon ein kräftiger Schubs von Gott kommen, um einen dazu zu bewegen!

Meine Familie war nicht religiös, und niemand von uns ging zur Kirche. Mit 11 Jahren wurde ich Mitglied im Chor meiner Ortsgemeinde, denn ich hatte eine gute Singstimme, aber es war mir bald langweilig, und sonntagsmorgens blieb ich lieber im Bett liegen.

Später kam ich auf eine Quäkerschule, und dort begann jeder Tag mit einem zehnminütigen Schweigen. Einmal pro Woche hatten wir eine Zusammenkunft, wo wir ganze 40 Minuten stillsitzen mussten. Wir Jüngeren kamen damit nicht zurecht und kicherten natürlich ständig, schrieben uns Zettelchen und so weiter.

1984 bekehrte ich mich während einer Billy-Graham-Evangelisation. Ich war 19 und ging danach in eine ziemlich evangelikale Gemeinde. Schon von Anfang an habe ich beim Beten nie das Gefühl gehabt, meine Gedanken in Worte fassen zu können. Ich wollte es auch eigentlich gar nicht. Ich wollte einfach in Gottes Nähe sein, auf ihn hören und selbst gar nichts tun. Das fiel mir sehr leicht. Ich hatte schreckliche Minderwertigkeitsgefühle, weil die Leute in meiner Gemeinde mir immer von ihren wundervollen Gebetszeiten erzählten. Es gab dort nämlich zweistündige Gebetstreffen, bei dem jeder für jeden betete. Ich sagte mir dann immer: „Du bist irgendwie kein richtiger Christ, denn du machst das ja gar nicht." Ich ging zu einem dieser Treffen, aber ich fühlte mich Gott überhaupt nicht nah. Schon nach zehn Minuten hatte ich das Gefühl, rausrennen zu müssen; es waren einfach zu viele Worte für mich. Ich fragte mich: „Was machst du bloß falsch?", denn niemandem in meiner Gemeinde schien es so zu gehen wie mir.

Erst später traf ich Christen, denen es ähnlich ging. Ich habe dann auch gelesen, dass manchen Leuten bestimmte Begabungen gegeben sind wie zum Beispiel Fürbitte und Lehre, und andere werden von Gott in die Stille und Kontemplation geführt. Das war wie eine Offenbarung für mich. Es war also gar nicht „falsch", dass ich so war, wie ich war, sondern einfach nur eine andere Form des Christseins.

Auch jetzt ist es mir am liebsten, beim Beten einfach ruhig dazusitzen. Ich spüre und genieße die Gegenwart Gottes; vielleicht ruhe ich mich ein wenig bei ihm aus oder ich ringe mit Gott und sage ihm Dinge wie: „Damit werde ich einfach nicht fertig!", oder: „Was soll denn das bedeuten?", „Das ist einfach schrecklich!" oder: „Was willst du mir damit sagen?"

Natürlich ist es so, dass Gott manchmal unsere Gebete anscheinend nicht erhört. Es gibt Gebete, auf die ich bisher keine Antwort bekommen habe, und das macht mir wie jedem anderen auch zu schaffen. Aber in den letzten Jahren bin ich zu der Einsicht gekommen, dass ich Gott nicht die Antwort diktieren kann, so wie ich sie gerne hätte. Ich weiß nicht, wie und wann Gott antwortet und was man tun soll, wenn die Antwort nicht so ausfällt, wie man sie sich gewünscht oder erwartet hat. Vielleicht hat man auch in 20 Jahren noch keine Antwort. Ich weiß es einfach nicht.

Es ist sehr interessant, dass die Beziehung zu meinen Eltern – die beide keine Christen sind – heute viel enger ist als früher. Sie haben mir bei meiner Entscheidung, ins Kloster zu gehen, nie im Weg gestanden, obwohl sie überhaupt nicht verstehen, warum ich hier bin. Mein Vater ist Buchhalter, meine Mutter arbeitet im Büro und mein Bruder ist Arzt.

Meine Familie findet sich allmählich mit dem Gedanken ab, dass ich nun hier lebe. Mein Vater sagte vor einiger Zeit sogar zu mir: „Ich bin wirklich stolz auf dich." Meine Eltern sagen, dass sie mich bewundern, weil ich mich getraut habe, etwas zu tun, wozu sie nie den Mut gehabt hätten. Ich glaube, sie verstehen jetzt, dass ich mir die Entscheidung nicht leicht gemacht habe.

Natürlich hätte meine Mutter gerne Enkel, und sie hat auch schon zu mir gesagt: „O Helen, warum kannst du nicht einfach ganz normal sein, wie jeder andere auch, und heiraten und Kinder bekommen?"

Ich entgegnete: „Ich muss das hier einfach ausprobieren. Ich möchte nicht mit 40 mal von lauter Computern umgeben sein und Gewissensbisse haben und mir immer wieder denken: ‚Wenn ich es bloß getan hätte! Wenn ich es bloß versucht hätte!'"

Was am Ende den Ausschlag für das Klosterleben gegeben hat, war der Gedanke: „Warum willst du eigentlich *nicht* gehen?"

Der Grund war: Ich hatte Angst. Ich hatte Angst, weil mir das alles völlig unbekannt war, aber das ließ ich nicht gelten. „Du hast niemanden, der von dir abhängig ist. Wenn du es versuchen willst, dann jetzt. Wenn du wartest, bis du 40 bist und vielleicht Familie hast, kannst du nicht mehr einfach gehen. Aber wenn du es jetzt versuchst, dann hast du eine Chance."

Ich war 28, als ich hierher kam, und jetzt bin ich 30. Ich bin froh, dass ich zu diesem Zeitpunkt hierher gekommen bin.

Als ich ins Kloster kam, fiel mir alles zuerst furchtbar schwer. Das Noviziat war die reine Hölle.

Das Schlimmste erlebt man gleich am Anfang – all das loszulassen, was man einmal gehabt hat: das alte Leben, den Freund, das Haus, die Arbeit, das Auto, die Freiheit und alle Erwartungen und Vorstellungen. Das alles ist vorbei. Worauf kann man sich also noch verlassen? Tja, vielleicht auf sich selbst, aber sogar die Meinung, die man von sich selbst hat, wird hier völlig umgekrempelt, so dass man nicht einmal mehr das hat. Natürlich, es gibt ja noch Gott. Aber von Gott hattest du auch eine bestimmte Vorstellung, und mit der kommst du jetzt vielleicht auch nicht mehr weiter. Manchmal muss man sich einfach auf sein Kopfwissen verlassen, wenn es schwierig wird. Ich denke, Ausdauer und Durchhaltevermögen ist der Schlüssel zum Leben im Orden.

Doch zuerst schien mir alles nur schrecklich und unerträglich. Ich wurde sogar magersüchtig und konnte kaum etwas essen. Außerdem war ich depressiv. Doch selbst damals, als ich ganz am Boden war, war Gott irgendwie bei mir. Trotz meiner schlechten Verfassung fühlte ich mich gehalten.

Wenn ich auf mein Leben zurückschaue, sehe ich, dass ich nie die Gelegenheit hatte, meine Probleme aufzuarbeiten. Und wenn die Dinge im Inneren nicht aufgearbeitet werden, dann ist eine Depression unausweichlich. Ich bin zum Beispiel sehr groß und wurde deswegen in der Schule immer schrecklich gehänselt. Obwohl ich ein glückliches Zuhause hatte und gut mit meinen

Eltern und meinem Bruder auskam, zeigte man bei uns zu Hause nur selten Gefühle. Ich denke heute, dass ich schon damals unterschwellig eine chronische Depression hatte, die weder ich noch jemand in meiner Umgebung wahrnahm.

Diese Sache kam erst ans Licht, als ich hierher kam, weil plötzlich alle Ablenkungen und Alltagsdinge wegfallen, die einem helfen, „normal zu funktionieren". Ich hatte eine gute Arbeitsstelle, ein eigenes Haus, ein Auto, ich hatte Verehrer und Freunde . . . aber all das war nun plötzlich nicht mehr da. Ich glaube, ich war früher von meinen Gefühlen losgelöst. Im Kloster war ich gezwungen, mich mit mir selbst und meinen Problemen auseinander zu setzen und damit zurechtzukommen. Ich glaube, mein Herz ist jetzt beteiligt. Ich kann sagen, dass ich zu mir selbst gefunden und ein neues Gleichgewicht gewonnen habe.

Der Gedanke, einfach abzuhauen, war sehr verlockend, als alles so schwarz für mich aussah. Inzwischen ist das anders. Ich habe Gott gefragt, ob ich die nächsten drei Jahre hier bleiben soll. Ich muss meine Entscheidung dem Orden melden, der dann eine Abstimmung durchführt. Ich muss 75 % der Ja-Stimmen bekommen, um hier bleiben zu können. Manchmal weiß ich nicht so genau, was mir lieber wäre. Möchte ich wirklich im Orden bleiben oder möchte ich wieder in die Welt?

Schauen wir uns mal an, wie das Leben „draußen" aussieht: Von 9 bis 5 Uhr im Archiv arbeiten. Kann ich da wirklich das machen, was mir wichtig ist? Ich habe mir Zeit gelassen und alle Gedanken und alle Gefühle zugelassen. Außerdem habe ich mich mit ein paar Leuten unterhalten. Ich bin jetzt so weit, dass ich zwar etwas schockiert wäre, wenn man tatsächlich gegen mein Hierbleiben stimmen würde, aber ich würde es akzeptieren. Aber am liebsten will ich hier bleiben.

Wir können uns hier den Luxus erlauben, in fünf Gottesdiensten täglich für die Welt zu beten. Jeden Tag lese ich die Zeitung und nehme alle Anliegen mit in die Kirche. Ich habe zwar keine Antworten, und auch die berühmte Frage: „Warum lässt Gott all das Leid zu?", kann ich nicht beantworten. Ich habe auch schon schmerzliche Erfahrungen durchgemacht, aber ich hatte nie große körperliche Schmerzen wie manche anderen Leute. Ich würde gern hören, was beispielsweise jemand, der chronisch krank ist, auf diese Frage sagen würde. Leiden kann einen Menschen wirklich „läutern", aber es kann auch sehr zerstörerisch wirken.

Ich glaube, dass Gott diese Welt geschaffen und seiner Schöpfung auch einen freien Willen gegeben hat (entschuldigen Sie bitte den „frommen" Jargon). Gott hat gute Dinge geschaffen, aber auf der anderen Seite stehen Dinge, die zum Bösen umschlagen und eben auch das Leid. Wir können durchs Leben gehen und erwarten, dass alles wunderbar bleibt und immer so sein wird, aber das Leben ist nun mal nicht so. Ich will nur sagen, dass ich nicht glaube, dass Gott einem Menschen bewusst Leiden schickt. Leiden ist etwas, das dir auf deinem Lebensweg begegnet, aus welchem Grund auch immer. Du bekommst vielleicht Krebs. Es ist reiner Zufall, dass du Krebs bekommen hast. Warum du und nicht ich? Ich weiß es nicht. Ich weiß keine Antwort darauf. Aber was ich sagen kann, ist, dass ich glaube, dass Gott mit dir da hindurch geht.

Wie stehen Sie zu Armut, Keuschheit und Gehorsam?

ARMUT ist für mich kein großes Thema. Wir besitzen „Dinge" in diesem Orden, aber sie gehören uns allen gemeinsam. Es geht um Einfachheit und gute Haushalterschaft. Was ich wirklich vermisse, sind Kleider. Obwohl wir an unseren freien Tagen in Zivil gehen können, finde ich es schade, dass wir uns keine Kleider kaufen können.

Bevor ich in den Orden eintrat, wog ich fast 80 Kilo, war also ziemlich dick. Jetzt bin ich richtig schlank, aber das Dumme ist, dass ich es nicht mehr ausnutzen kann! Ich vermisse farbenfrohe Sachen wirklich schrecklich, und das tut manchmal weh. An den freien Tagen trage ich deshalb am liebsten Jeans und leuchtend bunte T-Shirts.

Wenn man in der Ordenstracht auf die Straße geht, dann muss man allen Leuten gegenüber ständig freundlich sein. Es kann sehr anstrengend sein, den ganzen Tag „göttliche Liebe" auszustrahlen. Jeder ignoriert den Kerl an der Bushaltestelle, der mal wieder einen zu viel über den Durst getrunken hat, aber du bist diejenige, die auf ihn zugehen und ihm Liebe zeigen soll. Da kann man einfach nicht „nein" sagen. Andererseits kommt man als Nonne in alle möglichen kuriosen Situationen und führt interessante Gespräche. In einer Tracht wird man von allen Freaks, Betrunkenen und Leuten angesprochen, die einfach mal mit jemandem quatschen wollen. Es ist einerseits ein Segen, aber manchmal auch etwas lästig.

Dass ich keine eigene Wohnung oder gar ein Haus habe, stört mich nicht, weil ich mit meinem eigenen Haus sowieso ständig Ärger hatte. Ich besitze das Haus zwar noch immer, bin aber froh, wenn ich es endlich los bin. Um ehrlich zu sein, war es mir immer ein Klotz am Bein. Aber mir fehlt mein eigener Wagen und die Möglichkeit, einfach mal ausgehen zu können. Manchmal juckt es mich schon, mal ins Kino oder in eine Kneipe zu gehen – aber das kommt nicht so oft vor, wie ich vorher geglaubt hätte. Das überrascht mich selbst, denn ich war immer gern unterwegs und habe es nie lange an einem Ort ausgehalten. Hier dagegen bin ich einfach gern und habe nicht das Bedürfnis, woanders zu sein.

KEUSCHHEIT. Das ist schon eher ein Problem. Die Leute sagen: „Wie schaffst du das nur? Wie konntest du die Männer komplett aufgeben?"

Zuerst möchte ich sagen, dass wir zwar männliche Besucher hier haben, aber kaum welche, die man als „Objekt der Begierde" ansehen könnte.

Ich glaube, dass ich keinen besonders großen Hang zum Sex habe. Ich hatte nie ständig wechselnde Partner; ich hatte nur im Rahmen einer festen Beziehung Sex. Es wäre interessant zu wissen, ob jemand, der wilder war als ich und einfach Sex um seiner selbst willen sehr oberflächlich genossen hat, völlig darauf verzichten könnte. Vielleicht sollten Sie darüber mal mit einer Schwester mit einem sehr großen Verlangen nach Sex sprechen.

Wir geloben hier zwar den Zölibat, aber nicht absolute Keuschheit, denn einige von uns, wie ich zum Beispiel, hatten sexuelle Erfahrungen in der Vergangenheit. Ich glaube, bei Keuschheit geht es mehr um die Reinheit des Herzens; ich bin nicht sicher, was das Wort früher mal bedeutet hat. Ich denke, auch Verheiratete können keusch sein – aber vielleicht liege ich da auch falsch.

Auf jeden Fall fällt mir die Sache nicht leicht. Es gibt Männer, die sehe ich und muss einfach innerlich seufzen. Man kann seine Sexualität nicht einfach abschalten, und das war eine große Entdeckung für mich. Bevor ich hierher kam, war ich mit meiner Sexualität irgendwie noch nicht fertig geworden. Ich war noch nicht mit mir ins Reine gekommen, mit der Frau Helen, die einen Busen hat und ein sexuelles Wesen ist, die gern in Gesellschaft von Männern war und Männer sexuell anziehend fand. Jetzt, wo ich an einem Ort lebe, an dem ich nie mehr einem Mann auf diese Art und Weise begegnen werde, muss ich mich mit meinen Sehnsüchten und Gefühlen auseinander setzen. Man denkt dann einfach mehr darüber nach.

Ich musste wirklich zuerst mit meiner Sexualität als Frau ins Reine kommen, um ein Leben im Zölibat leben zu können. Um das zu schaffen, muss man sich darüber im Klaren sein, dass man ein sexuelles Wesen ist, dass man trotz allem einen Mann anschauen und denken kann: „Ich mag dich." Ich denke, wenn man seine Sexualität zu verdrängen versucht, leugnet man ein wunderschönes Geschenk Gottes. Man weist es zurück und das ist auch nicht besser, als wenn man dieses Geschenk auf irgendeine andere Art und Weise missbraucht, zum Beispiel indem man ständig wechselnde Partner hat oder Sex als Waffe oder als eine Art Schrei nach Aufmerksamkeit benutzt.

Mir hat Sex Spaß gemacht, aber ich glaube nicht, dass ich Sex außerhalb einer tiefen Liebesbeziehung haben könnte. So etwas wie „Wollust auf den ersten Blick" habe ich nie erlebt. Natürlich habe ich schon mal daran gedacht und diese Gedanken auch genossen, aber ich glaube nicht, dass ich das jemals wirklich machen würde. Geschaut habe ich aber schon . . .

Den Gedanken, niemals selbst ein Kind haben zu können, finde ich auch ziemlich schwierig. Ich würde gern ein Kind haben und Mutter sein. Freundinnen von mir sind bereits Mütter, und ich glaube, das ist etwas ganz Besonderes.

GEHORSAM ist hart. Wir alle möchten gern die Fäden in der Hand haben. Und wenn man im Orden lebt, kann man das eben nicht. Es geht hier um Verantwortung anderen gegenüber und um Einsatzbereitschaft. Ich habe zum Beispiel nicht die leiseste Ahnung, worin meine Arbeit hier im Einzelnen bestehen wird. Ich werde im Herbst entweder offiziell in diesen Orden aufgenommen, oder ich werde entlassen. Ich weiß nicht, wo ich hinkommen werde, wenn ich hier bleibe. Man hat natürlich eine gewisse Wahlmöglichkeit und man wird auch befragt. Vielleicht braucht mich der Orden aber für eine Aufgabe, die ich mir nicht freiwillig ausgesucht hätte.

Zum Beispiel habe ich großes Interesse an feministischer Theologie, aber es ist vielleicht nicht angebracht, dass ich einen Kurs belege, vielleicht sogar dann, wenn es einen gibt, der genau meinen Interessen entspricht. Aber man kann eben nicht mehr einfach machen, was man will. Wenn ich beispielsweise in eins der kleineren Ordenshäuser komme, dann würde ich mit meinem Studium den anderen automatisch mehr Arbeit aufhalsen. Man muss sich also fragen: „Ist das auch in Ordnung?"

Wenn man etwas wirklich Außergewöhnliches machen möchte, dann sagt der Orden vielleicht auch „nein". Andererseits kann man viele Sachen machen, von denen ich nicht gedacht hätte, dass sie „erlaubt" werden. Ich kenne beispielsweise eine Ordensschwester, die Aromatherapie und Massage gelernt hat und nun die anderen Schwestern regelmäßig massiert. So etwas würde ich auch gern lernen.

Ich könnte mehr über Gehorsam sagen, wenn man mir eine Arbeit geben würde, die ich wirklich nicht gern tue. Aber das wird wohl nicht passieren. Man wird vorher gefragt, und am Ende sagt man „ja" und macht es einfach.

Ich bin mir bewusst, dass ich eine Frau bin und in einer Frauenkommunität lebe, die zu einer hauptsächlich von Männern geprägten Kirche gehört und die von Männern geleitet wird. Oft ist es mir eine große Last, dieses Ungleichgewicht ausbalancieren zu wollen. Eines der großen Dinge für mich in meinem ersten Jahr im Orden war es, zu erkennen, dass der Mensch nach dem Bilde Gottes geschaffen ist. Und ich bin ganz klar eine Frau. Wie kommt Gott da ins Spiel? Gott hat kein Geschlecht. Warum redet man immer von ihm in männlicher Form? Ich finde es sehr befreiend, mir Gott auch mal weiblich vorzustellen.

Ich finde es schwer, in Worte zu fassen, was das Leben als Nonne so anziehend macht und warum ich eine bin. Ich glaube, es läuft darauf hinaus, dass ich ständig in Gottes Nähe sein möchte. Das hört sich sehr schwammig und sehr religiös an, aber es ist die Wahrheit. Ich möchte Zeit haben, um mit Gott zusammen zu sein und die Beziehung zu ihm auf eine Weise auszuleben, wie man das draußen in der Welt nicht kann.

Es ist ein Privileg, viermal am Tag mit meinen Geschwistern hier zu beten, die ich manchmal gut leiden kann und manchmal nicht; das ist herrlich. Wegen dieses Vorrechts bin ich hier. Alles andere ist die Konsequenz daraus: Die Krankenhausbesuche, die Gemeindearbeit und so weiter; alles resultiert aus diesen Gottesdiensten und dem persönlichen Gebet. Manchmal habe ich keine Lust dazu, und manchmal ist es auch langweilig und ermüdend – aber dann wieder ist es herrlich, und das ist es wert.

Ich sehe die schrecklichen Dinge, die in der Welt geschehen, wie zum Beispiel Kriege, Unglücke und Naturkatastrophen, und das ganze Elend und Leid, das die Menschen da durchzustehen haben. Ich glaube, auch diese Gedanken sind ein Gebet. Ich glaube, dass jedes Gebet hilft und dass ohne uns hier die Welt irgendwie nicht so ein schöner Ort wäre.

Kurz nach diesem Interview hat der Orden Helen für weitere drei Jahre aufgenommen.

Bei Drucklegung dieses Buches verbringt sie gerade ein Jahr in einem Ordenshaus in Südafrika.

Schwester
Judith

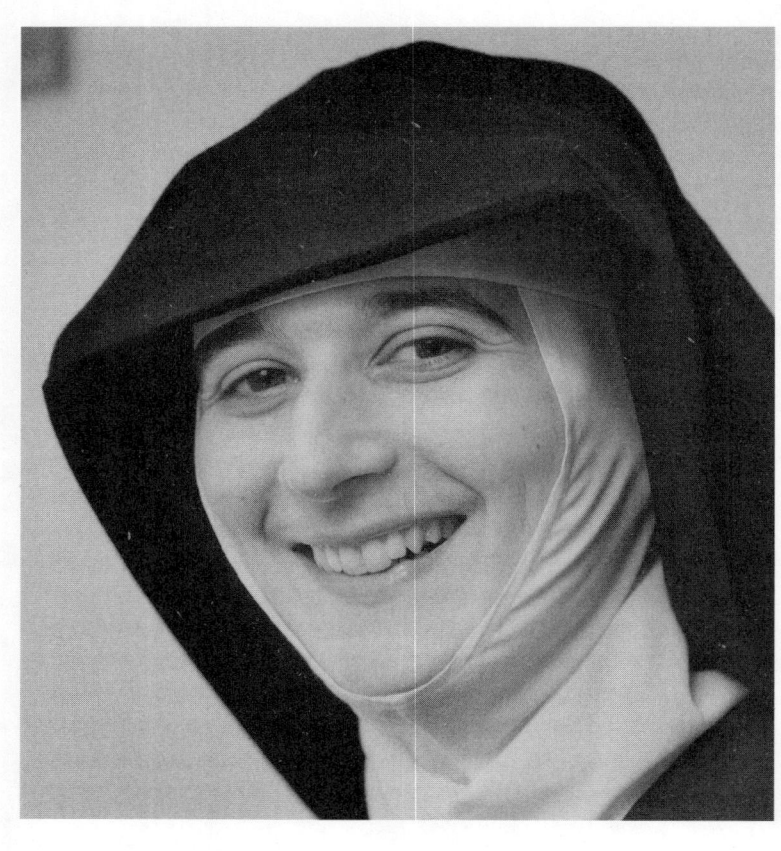

Schwester Judith
Schwestern der Liebe Gottes – Oxford, England

Als ich einmal mit meiner Familie
zusammensaß, sprachen wir darüber,
was wir als Kinder später mal werden wollten.
Einer sagte: „Als Judith vier war,
wollte sie Nonne werden!"
Alle schütteten sich aus vor Lachen
und hielten das für unglaublich lustig.
Ich dachte bei mir: „Hilfe! Was soll ich machen?"
Ich war 20 und wollte immer noch Nonne werden . . .

Als ich die Schwestern der Liebe Gottes zum ersten Mal besuchte, war ich mir nicht darüber im Klaren, dass dies ein so genannter „geschlossener" Orden war. Doch der Unterschied zu den anderen Orden war sofort ersichtlich, als ich an der Türglocke klingelte.

Schwester Judith ist 33 und die Einzige der Schwestern dort, die freiwillig noch den altmodischen Schleier trägt. In ihm und der bodenlangen, edlen braunen Kutte sieht Schwester Judith aus, als sei sie geradewegs aus dem Mittelalter in unsere Zeit gekommen. Der Orden befürwortet eigentlich einen moderneren Stil und Schwester Judith ist die letzte Novizin, die diesen Schleier tragen darf.

Schwester Judiths Leben ist von einer großen Disziplin geprägt. Man steht hier noch mitten in der Nacht zu einer Gebetszeit von 2 bis 3 Uhr morgens auf. Judith darf ihre Ferien nicht bei ihrer Familie verbringen und verlässt den Orden nur, um zum Arzt zu gehen oder christliche Konferenzen zu besuchen.

Judith hat für mich einen Besuchstermin bei der Oberin des Ordens ausgemacht, die mich über das Anwesen führt. So intensiv, wie sie jedem meiner Worte Aufmerksamkeit schenkte, hätte man glauben können, ich sei das einzige und wichtigste Lebewesen auf diesem Planeten.

Mir hat das Interview mit Schwester Judith viel Spaß gemacht, trotz der Tatsache, dass sie jedes Wort sehr sorgfältig erwog, weil sie sich als Vertreterin des religiösen Lebens und ihres Ordens sieht. Ich dachte schon, dass sie im letzten Moment das Interview absagen würde, und ich bin froh, dass ihr Bericht hier doch in ganzer Länge abgedruckt ist.

Die sieben Gottesdienste am Tag können einem ganz schön auf die Nerven gehen. Die Glocke ertönt, und sofort muss man alles stehen und liegen lassen. Das soll einen daran erinnern, dass das Gebet das Wichtigste ist und nicht etwa die Arbeit, die man gerade angefangen hat.

Tag und Nacht werden von Gottesdiensten bestimmt, um einen daran zu erinnern, dass Gott das Wichtigste überhaupt ist.

Das ist einer der Gründe, warum ich diesen Orden gewählt habe. Ich brauche diese ständigen Erinnerungen. Ansonsten habe ich Gott in den nächsten zwei Stunden schon wieder vergessen. Ich muss zurück in die Kapelle und mir wieder neu bewusst machen, worum es in diesem Leben hier eigentlich geht. Obwohl ich manchmal auf das Klingeln der Glocke schimpfe, weil ich mal wieder nicht mit meiner Arbeit fertig geworden bin.

Ich komme aus einer großen ungarischen Familie. Meine Urgroßmutter und meine Großeltern lebten noch bei uns im Haus, als ich geboren wurde. Mein Onkel und meine Tante und drei meiner Cousins waren auch in der Nähe, so dass das Haus immer voll war. Ich genoss eine sehr kosmopolitische Erziehung, und wir hatten ständig Besuch aus Ungarn, aber auch aus Brasilien, Schweden und der Schweiz. Wir kannten einfach überall Leute und hatten tausend Kontakte. Nicht alle sprachen Englisch, doch wir konnten uns immer irgendwie verständigen. Ich wurde also mit den verschiedensten Kulturen in meiner nächsten Umgebung groß. Gastfreundschaft wurde großgeschrieben, und die Besucher kamen und gingen in einem stetigen Strom. Wenn es zu viele waren, dann schliefen die Kinder eben auf dem Fußboden. Es war ein sehr glückliches Leben.

Meine Eltern waren keine Kirchgänger. Meine Mutter ging gewöhnlich dreimal im Jahr in den Gottesdienst, nämlich an Weihnachten, Ostern und Pfingsten. Wenn wir früh genug aufgestanden und angezogen waren, dann durften wir sie begleiten. Also strengte ich mich mächtig an, rechtzeitig fertig zu sein. Und das Gute war, dass meine Pfadfindergruppe einmal im Monat gemeinsam in die Kirche ging. Dadurch hatte ich einen guten Vorwand, in die anglikanische Kirche am Ort zu gehen. Ist es nicht merkwürdig, dass ich da immer unbedingt hin wollte? Zu meinen wertvollsten Besitztümern – heute kann ich darüber nur lachen – gehörte ein schreckliches Jesusbildchen im viktorianischen Stil, auf dem Jesus ein langes weißes Gewand trägt. Das Bild hatte mir die Ortsgemeinde zu meinem Taufjubiläum geschickt. Jedes Jahr bekam ich solch ein Bildchen zugeschickt, und ich bewahrte sie alle sorgfältig in meinem „Schatzkästchen" auf.

Ich besuchte die örtliche Grundschule und ging dann auf ein freies Gymnasium. Ich war musikalisch nicht unbegabt und spielte in einigen Orchestern am Ort Geige. Schon früh fühlte ich mich zum Ordensleben hingezogen. Ich kann mich erinnern, dass ich zweimal verlauten ließ, ich würde gern Nonne werden. Einmal habe ich meiner Chemielehrerin davon erzählt, die mich fragte, was ich außer Geigenlehrerin noch gern werden würde. Ich erklärte ihr: „Ich möchte Nonne werden." Ich kann mich an ihre Reaktion gut erinnern. Sie war baff und meinte: „Na, das ist ja mal ganz was anderes!"

Mit 14 betete ich eindringlich, dass Gott alles aus mir machen könnte, was er wollte, bloß nicht Nonne. Doch mit 16 war der Wunsch immer noch da. Ich besuchte drei Jahre lang die Königliche Musikakademie und absolvierte ein Lehramtsstudium für Musik und Chemie. In meinem zweiten Jahr an der Musikschule kam ich zu Besuch hierher in den Orden und erkundigte mich, wie die Aufnahmebedingungen waren. Man sagte mir, ich wäre zu jung (ich war damals 20), um eine solche Entscheidung zu treffen und ich müsste mindestens eine zweijährige Berufserfahrung vorweisen. Also ging ich weitere zwei Jahre auf die Musikschule, und dann arbeitete ich als Geigen- und Chemielehrerin. Schließlich kam ich zurück hierher.

Sie sagten: „Wenn du wirklich herkommen willst, dann solltest du erst mal einen Monat in einem unserer kleineren Ordenshäuser verbringen, um zu sehen, wie das Leben hier so ist."

Das tat ich auch, und danach beschloss ich, dass ich auf keinen Fall etwas mit dem Ordensleben zu tun haben wollte. Ich ging also voller Überzeugung wieder in mein altes Leben zurück, suchte mir einen neuen Job und verbrachte drei sehr schöne, glückliche Jahre als ganz normale Lehrerin.

Irgendwann ließ mich aber der Gedanke nicht mehr los, dass dieses Leben nicht schon alles gewesen sein konnte. Auch die Vorstellung, im Kloster zu leben, beschäftigte mich immer wieder. Ich musste eine Gelegenheit haben, ganz zu mir zu kommen und eine richtige Beziehung zu Gott aufzubauen. Noch immer war ich sicher, dass ich nicht Nonne werden wollte, aber eine begrenzte Zeit, vielleicht ein Jahr im Kloster zu verbringen, das konnte ich mir vorstellen. Vielleicht war das das Richtige für mich.

Mir gelang es, dem örtlichen Verwaltungsbezirk ein „Sabbatjahr" abzuringen, von dem ich 9 Monate hier verbringen wollte, um danach noch für 3 Monate zu Mutter Teresa nach Kalkutta zu fahren.

Das Problem war, dass ich schon nach drei Monaten herausgefunden hatte, was ich mit meinem Leben anfangen wollte . . .

Ich ging nach Indien und arbeitete in einem Kinderheim. Dort wurde mir bewusst, dass ich auf jeden Fall wieder hierher zurückkommen wollte. Natürlich ist es wunderbar, wenn man „gute Werke" tut, den Armen zu essen gibt und sich um die Kranken kümmert, doch das ist für mich nicht das Eigentliche. Das Hauptproblem unserer Gesellschaft ist der Egoismus und die Habgier der Menschen. Und wenn man sich damit auseinander setzen will, dann muss man meiner Meinung nach an einen Ort gehen, an dem das Problem seine Wurzeln hat (nämlich hier, in der zivilisierten Welt), und nicht die Folgen unserer Selbstsucht (in der Dritten Welt) zu beseitigen versuchen. Damit möchte ich diesen „Aufräumprozess" keineswegs herabwürdigen; es ist wundervoll, dass es Menschen gibt, die das tun, aber ich glaube, meine Berufung ist hier – trotz der Tatsache, dass ich gerne dort war und den Leuten geholfen habe. Mit der Selbstsucht und der Habgier wird man nur fertig, wenn man sich mit seinem Innersten auseinander setzt.

Und nun zu dem Punkt, ob und wie ich berufen wurde . . . das ist schwierig. Ich glaube nicht, dass Gott im Himmel sitzt und sagt: „Okay, hier ist Theresa und da ist Mary und da, ach ja, Judith – sie wird mal Nonne." Und ich sitze hier unten auf der Erde und werde entweder Nonne, so dass Gott dann in dem Kästchen hinter meinem Namen einen Haken machen kann, oder ich werde es nicht, und dann streicht Gott meinen Namen durch. Und wenn ich dann am Jüngsten Tag vor ihm stehe, sagt er mir: „Du kommst in die Hölle, denn du bist nicht wie geplant Nonne geworden." So sehe ich das alles nicht.

Was ist eine Berufung? Man wird durch die Umstände berufen, durch sein Wesen, durch die Erfahrungen, die man gemacht hat und durch das, was einen am meisten zu sich selbst bringt. In meinem Fall hatte ich immer so eine Art Intuition, durch die ich wusste: „Du wirst einmal Nonne werden." Doch ein anderer Lebensweg hätte vielleicht ebenso richtig sein und meine Berufung darstellen können.

Ich scheue mich, den Ausdruck „berufen" zu gebrauchen, denn das vermittelt den Eindruck, als ob es nur *einen* ganz bestimmten Weg für jeden Menschen gibt, und wenn er den nicht einschlägt, hat er Pech gehabt. Ich glaube, Gott ist da viel flexibler. Kein Baum gleicht dem anderen; jeder Baum und sogar jedes Blatt an einem einzigen Baum ist anders – das ist die Vielfalt Gottes. All diese Bäume sind von Gott dazu berufen, ein Baum zu sein, und doch ist jeder anders. Mit solch einem Gott haben wir es zu tun. Die Frage ist also nicht: „Ist Judith nun Nonne geworden oder nicht?", sondern: „Was hat Judith mit ihrem Leben angefangen?"

Es macht mich wütend, dass viele Leute glauben, wir würden mit dieser Lebensweise unsere Freiheit aufgeben. Wenn ich meine Freiheit aufgeben müsste, würde ich es nicht tun. Ich komme aus einer Familie, die unter einem kommunistischen Regime gelebt hat; einige meiner Familienangehörigen sind erst 1956 herausgekommen, und ich habe durch meine Erziehung Freiheit sehr hoch zu schätzen gelernt. Es gibt natürlich Augenblicke, wo man daran denkt, was man alles aufgegeben hat; das muss ich ehrlich zugeben. Aber ich habe in keiner Weise meine Freiheit aufgegeben.

Freiheit bedeutet ja nicht einfach, dass man Urlaub machen, reisen und das tun kann, was man will und wann man es will. Das ist keine wirkliche Freiheit, sondern eine Diktatur der Impulse. Wenn jemand uns von außen beobachtet und denkt: „Hm, sie kann nicht so einfach sagen: ‚Morgen fahre ich in die Schweiz', deshalb hat sie ihre Freiheit aufgegeben", dann kann ich nur sagen: Das ist es nicht, was Freiheit ausmacht.

Wahre Freiheit ist etwas im Inneren des Menschen. Ein beeindruckendes Beispiel ist Maximilian Kolbe. Er war äußerlich völlig unfrei, als er im Konzentrationslager saß. Doch diesen hohen Grad an innerer Freiheit, den er zeigte, indem er sich entschloss, an Stelle eines anderen Gefangenen zu sterben, ist ein Schatz, den keiner seiner Peiniger ihm nehmen konnte.

Wenn wir unser Gelübde ablegen, werden wir gefragt: „Schwester Sowieso, was möchtest du?", und man antwortet darauf: „Ich möchte die Gnade Gottes und die Freiheit, mich an ihn zu binden in einem Leben des Gebets und der Versöhnung innerhalb dieses Ordens."

Es ist das Wort *Freiheit*, das wichtig ist, denn es ist meine freie Entscheidung, mich ganz Gott hinzugeben. Freiheit ist die Fähigkeit, die Illusionen und Trugbilder der Welt zu durchschauen und ihnen nicht zu folgen. Die Freiheit, nicht zu denken: „Sie nehmen mir hier meine Freiheit, denn ich kann nicht einfach tun und lassen, was ich will". Zum Teil besteht diese Freiheit auch darin, die Grenzen zu akzeptieren und zu nutzen, die deine Wahl mit sich bringt. Jede Entscheidung bedeutet in gewisser Weise eine Einschränkung. Wenn ich auf eine Party gehe, dann habe ich nicht mehr die Möglichkeit, ins Kino zu gehen. Ich habe eine Lebensweise gewählt, die der Welt draußen vielleicht beschränkend erscheint, aber es ist das, was ich will, und ich bin sicher, dass ich mit Hilfe genau dieser Lebensumstände innere Freiheit erlangen kann.

In der Vorstellung einiger Leute bedeutet ein „geschlossener Orden", dass um das Kloster eine Art unsichtbarer Zaun gezogen ist, den wir nicht überschreiten können. Eine Reihe alter Ordenshäuser war tatsächlich von Stacheldraht umgeben, aber mehr um die Leute davon abzuhalten, hereinzukommen, nicht um die drinnen am Weglaufen zu hindern. Aber darum geht es bei einem geschlossenen Orden auch gar nicht. Die Abgeschlossenheit besagt, dass das hier ein heiliger Ort ist; ein Ort, an dem ich bete und Gott von ganzem Herzen nah sein will.

Gott und sein Reich sind es, was wir hier suchen, um mit den Worten der Bibel zu sprechen. Wir wollen in Übereinstimmung sein mit dem göttlichen Willen, und dabei ist alles andere nur störend.

Kann ich das vielleicht noch mal erklären?

Frieden wäre vielleicht ein besseres Wort dafür. Gott möchte für die ganze Schöpfung Frieden und Harmonie; das ist das „Reich Gottes", wie er es sich vorstellt. Die Menschwerdung Jesu und sein Tod am Kreuz waren notwendig, damit die Schöpfung zu Frieden und Harmonie gelangen kann. Er hat uns die Fähigkeit dazu gegeben, aber wir haben auch unseren freien Willen, diese Fähigkeit nicht zu nutzen. Meist entscheiden wir uns dafür, sie nicht zu nutzen, oder wir handeln so, als ob wir das Richtige nicht sehen wollten, vor allem, wenn es uns etwas kosten würde.

Im Orden suchen wir den Frieden des Herzens. Zumindest bemühen wir uns darum, doch wie allen anderen Menschen auch gelingt es uns nicht immer. Zum Beispiel kann es passieren, dass ein anderer Mensch dich verletzt. Du hast jetzt die Wahl: Du kannst entweder denken: „Aber ich möchte den Frieden und die Harmonie nicht stören und deshalb schlage ich nicht zurück", oder du kannst zurückschlagen. In neun von zehn Fällen schlagen wir zurück – und wir tun einfach so, als wüssten wir nicht, wobei es bei echtem Frieden geht, weil wir die Kosten scheuen. Und der andere war ja auch wirklich im Unrecht, also scheint es uns irgendwie gerechtfertigt, zurückzuschlagen.

Meine Vorstellung von Gott fordert mich ständig heraus. Sie sollte sich dauernd verändern, denn man kann Gott nie ganz kennen lernen. Es gefällt mir nicht besonders, mir Gott männlich vorzustellen. Aber ihn als weibliches Wesen zu sehen, ist auch nicht viel besser, weil er kein Geschlecht hat. Ich halte mich an das traditionelle „er", weil sich dabei am wenigsten in mir sträubt. Also: Alles, was wir von Gott sagen, stimmt irgendwie nicht richtig. Ich würde gerne behaupten, dass meine Erkenntnis Gottes größer und tiefer geworden ist, aber ich glaube nicht, dass man das messen kann und sollte. Gott ist treu, und wenn man ihn ehrlich sucht, dann wird er auf diese Suche auch ehrlich reagieren.

Die Erfahrungen, die ich mit Gott habe, sind sehr vielfältig und verschieden. Sie sind jeden Tag anders und auch nicht jeden Tag vorhanden. Im Moment scheine ich Gott dadurch zu erfahren, dass ich ganz neu zu *sehen* lerne. Damit meine ich zum Beispiel die Erfahrung, jeden Tag an einem Rosenstrauch vorbeizugehen, der vor dem Obstgeschäft wächst – und eines Tages sieht man dann tatsächlich die Rose. Man nimmt sie zum ersten Mal richtig wahr. Du bist ganz von ihrer Schönheit getroffen, von ihrem Geruch, und dir wird klar, dass Gott sie geschaffen und genau an diesen Platz gesetzt hat.

Wir können die Schönheit der Rose spüren, so wie Gehörlose Musik wahrnehmen können. Die taube Musikerin Evelyn Glennie erzählt, dass sie den Klang der Musik nicht mit ihrem Gehör wahrnimmt, sondern mit ihrem ganzen Körper. So geht es mir mit dieser Rose. Ich spüre ihre Schönheit und nehme sie ganz in mich auf. Ich erfahre Gott, indem ich Rosen oder das Sonnenlicht in den Bäumen betrachte. Meist versäumen wir das – wir sehen nicht „wirklich".

Ich bin auch beeindruckt von der ständigen Gnade Gottes: davon, dass mir vergeben wird, dass Gott mich nicht aufgibt, wenn ich nicht in diesem Frieden lebe, den ich gerade beschrieben habe. Die Gnade Gottes ist unendlich. Auch wenn Sie nicht an Gott glauben, so kümmert sich Gott doch um Sie. Ich glaube nicht, dass Gott irgendwann mal einen Kreisel in Gang gesetzt hat, der sich nun allein weiterdrehen muss. Gott schafft uns immer wieder neu. Ich bin nur dann morgen noch hier, wenn Gott das will. Das gilt auch für denjenigen, der nicht an Gott glaubt.

Gott sagt nicht: „Okay, Lieschen Müller glaubt nicht an mich, also mache ich mit ihr auch nicht mehr weiter. Morgen wird sie ihr Fett abkriegen." Gott ist auch weiterhin an Lieschen Müller schöpferisch tätig und sieht die Rosen an ihr oder sonst etwas Schönes, was sie nicht sieht. Gott sehnt sich mit einer Liebe, die wir uns gar nicht vorstellen können, nach Lieschen Müller. Und eines Tages wird Lieschen Müller erkennen, wie sehr Gott sie geliebt hat.

Ich erlebe Gott auch im Brot und im Wein des Abendmahls. Ich glaube nicht, dass man das wirklich erklären kann, aber jedenfalls handelt es sich hierbei nicht um das Brot und den Wein aus dem Supermarkt. Etwas ist damit geschehen; es ist verändert und geheiligt worden.

Ein Priester hat es mir einmal so erklärt: Er hatte in dem Gottesdienst, in dem er zum Priester geweiht worden war, einen Ring geschenkt bekommen, den er seither immer getragen hat. Er war schon ganz zerkratzt und verbogen, aber es ist eben der Ring, mit dem er ordiniert wurde. Er sagte, dass man mit der heutigen Computertechnologie eine exakte Kopie dieses Ringes anfertigen könnte, detailgetreu bis hin zu den Kratzern, aber diese Kopie wäre eben nicht in dem Ordinationsgottesdienst dabei gewesen. Selbst wenn er den Ring irgendwann verlieren würde, wollte er keine Kopie haben, weil es nur äußerlich dasselbe wäre, aber nicht auf der Ebene, auf die es ankommt. Der Gegenstand hatte sich dadurch verändert, dass er in dem besagten Gottesdienst dabei war, was bei einer Kopie nicht der Fall gewesen wäre. Dieselbe Art von Verwandlung geschieht mit dem Brot und dem Wein. Ich kann das nicht besser erklären.

Dann ist da das Gebet. Wir haben pro Tag zwei Stunden Gebetszeit. Regel Nummer eins in Bezug auf das Gebet ist, es einfach zu *tun* – ein bisschen wie Geigenunterricht: Man wird nicht besser, wenn man nur daran denkt zu spielen. Wenn man eine wunderbare Gebetszeit hinter sich hat, denkt man: Wow, das war toll!, und dann macht man es gern wieder. Aber jede Gebetszeit ist anders. Es kann leicht passieren, dass man anfängt, in einer Gebetszeit nach einer neuen und schönen Erfahrung zu suchen, anstatt auf Gott zu schauen.

In diesem Orden helfen mir die anderen Schwestern beim Gebet auf die verschiedenste Weise. Ich habe gelernt, mit Ikonenbildern oder dem Rosenkranz als gedanklicher Stütze zu beten oder auch mit meinem ganzen Körper und mit Bewegung auszudrücken, was ich Gott sagen will. Ich habe gelernt, auf eine liturgische Art zu beten, wobei ein bestimmter Satz immer wiederholt wird. Die Worte sind das, was man ausdrücken möchte, aber die

Wiederholung der Worte führt dich in einen anderen Bereich, den man nicht richtig logisch erfassen kann.

Mir wurden auch viele ganz praktische Tipps für das Gebet gegeben, beispielsweise: „Achte darauf, dass du eine Körperhaltung einnimmst, in der du nicht einschläfst." Man muss aber schon bequem sitzen oder knien und das Rückgrat gerade halten, so dass man eine bestimmte Haltung längere Zeit beibehalten kann, ohne ständig hin und her zu rutschen.

Dann hilft es sehr, daran zu denken, dass Gott sehnsüchtig darauf wartet, auf liebevolle Weise mit mir zu kommunizieren. Dadurch wird man erst richtig offen; man sensibilisiert sich für Gott, oder besser gesagt, lässt sich für Gott sensibilisieren, was am besten in der Stille geschieht. Dann wird man sich ganz langsam einer inneren Veränderung bewusst, einer Öffnung und Horizonterweiterung, in der Gott in der Lage ist, einen zu prägen und einem Dinge mitzuteilen. Und danach kann es passieren, dass man plötzlich die Welt mit anderen Augen sieht. Wie ich mit meinem Rosenbusch. Gebet ist eine ganz praktische Angelegenheit, und man muss es einfach tun. Die einzige Art und Weise, wie man beten lernt, ist zu beten.

Wie stehen Sie zu Armut, Keuschheit und Gehorsam?

ARMUT. Ich hatte eine eigene Wohnung; ich habe sie noch, denn wir dürfen uns nicht eher von unserem Besitz trennen, bis wir die lebenslangen Gelübde abgelegt haben, so dass ich noch einen Ort habe, wo ich hingehen kann, falls ich meine Gelübde nicht erneuern möchte oder irgendetwas anderes Unvorhergesehenes passiert.

Aber natürlich geht es bei der Armut nicht nur darum, dass man kein Geld hat. Armut ist gemäß unserer Ordensregel „eine gänzliche Abhängigkeit von Christus". Das kommt natürlich am offensichtlichsten in materiellen Dingen zum Ausdruck. So erhalte ich kein Gehalt und kann auch kein Geld ausgeben. Aber der Sinn und Zweck dieses Armutsgelübdes ist es, uns immer mehr unserer totalen Abhängigkeit von Gott bewusst zu werden. Es ist eine Täuschung, wenn wir meinen, wir könnten in Geld oder in Besitz Sicherheit finden. Das Gelübde befreit einen von zwanghaften Abhängigkeiten und macht die Realität sichtbar, nämlich dass wir nichts unter Kontrolle haben und uns nicht absichern können, sondern voll und ganz von Gottes Gnade leben.

Ich habe schöne Kleider, ich bin sehr gut angezogen. Und wenn die Sachen abgetragen sind, dann werden sie von der Schwester im Arbeitszimmer auf wundersame Weise ersetzt. Es wäre vielleicht anders, wenn der Orden so arm wäre, dass er keine neue Tracht für mich anschaffen könnte, wenn die alte abgetragen ist, oder wenn ich frieren müsste, weil wir uns keinen Pullover leisten könnten. Es darf auf keinen Fall passieren, dass die Armut von Leuten idealisiert wird, die keine Kleider haben und frieren müssen. Das Armutsgelübde bedeutet nicht, dass diese Art von Armut irgendwie gut oder richtig wäre. Unsere Armut ist anders; es geht um freiwilligen Verzicht und Loslassen, nicht um eine existenzielle Bedrohung.

An diesem Gelübde tut mir am meisten weh, dass wir nichts verschenken können. Ich kann meiner Schwester beispielsweise nichts zum Geburtstag kaufen. Es ist hart, wenn man keine Geschenke machen kann, besonders an Geburtstagen und an Weihnachten.

KEUSCHHEIT. Vor dem Ordensleben war ich mit Männern befreundet, aber ich hatte keinen festen Freund. Aber nur ein kleiner Bereich der Keuschheit dreht sich darum, keine sexuelle Beziehung zu haben. Es bedeutet mehr als die Tatsache, dass man nicht mit jemandem ins Bett steigt. Auch das Gelübde der Keuschheit soll uns dabei helfen, unser ganzes Wesen auf Gott auszurichten. Es bedeutet, dass ich mich mit allen Fasern meines Seins ausschließlich auf Gott konzentriere. Und das passt nicht mit einer sexuellen Beziehung zu einem Mann zusammen, denn dann wäre meine Aufmerksamkeit geteilt.

Wir Menschen haben eine bestimmte Kapazität an Aufmerksamkeit, die wir zu vergeben haben. Wenn man jemanden so liebt, dass man eine sexuelle Beziehung mit ihm eingeht, dann schenkt man dieser Person einen großen Teil seiner Zeit. Der Zölibat verteilt diese Aufmerksamkeitskapazität auf alle Menschen, mit denen man zusammenkommt. Das ist jedenfalls unser Ziel. Diese Fähigkeit, die bei anderen Menschen in Form einer sexuellen Beziehung ausgelebt wird, nutzen wir auch, aber eben auf andere Weise.

Wenn man das Keuschheitsgelübde ablegt, ist man gezwungen, mit der eigenen Sexualität zurechtzukommen, nur vor einem anderen Hintergrund, als es in der Gesellschaft sonst üblich ist. Die Gesellschaft, die glaubt, dass Sex alles im Leben ist, übt damit einen großen Druck auf uns aus. Ich frage mich manchmal: „Ist bei mir eigentlich alles in Ordnung, dass ich auf diese alles entscheidende Sache verzichten will?", oder noch schlimmer: „Gehe ich bewusst an etwas vorbei, was eigentlich lebensnotwendig für mich ist?" Aber ich gehe nicht daran vorbei, ich nutze nur meine Kapazitäten anders. Es kann natürlich auch ganz wunderbar sein, diese Aufmerksamkeit nur einer Person zu schenken.

In einem Orden versteckt man die Sexualität nicht und man tut auch nicht so, als ob sie nicht existierte. Und wir sagen erst recht nicht, dass Sexualität falsch ist. Gerade viele ältere Christen sind bewusst oder unbewusst mit dem Denken groß geworden, dass der Bereich der Sexualität etwas ist, was man besser versteckt. Das ist verrückt, denn Sexualität ist ein Geschenk Gottes. Sowohl außerhalb des Ordens als auch im Orden müssen wir uns aktiv gegen solches Gedankengut wehren, indem wir uns an unserer von Gott gegebenen Sexualität freuen, auch wenn wir sie nicht ausleben.

Manche Leute können zu meinem Erstaunen immer noch nicht glauben, dass wir hier ständig männliche Besucher haben. Es wäre sehr merkwürdig, wenn wir keinen männlichen Besuch hätten, denn das hieße, dass wir uns krampfhaft von Männern fern halten müssten. Aber beim Zölibat geht es ja nicht darum, dass man sich vom anderen Geschlecht abschottet, um nicht in Versuchung zu geraten. Das kann nicht funktionieren; es muss schon ein fester Entschluss und auch eine Berufung da sein, um das Keuschheitsgelübde einhalten zu können.

Natürlich wünsche ich mir Kinder, denn dazu ist mein Körper geschaffen. Ich bin 33 . . . Das ist schon manchmal sehr schwer. Ich habe einer Schwester einmal anvertraut: „Ich sehne mich unendlich danach, Kinder zu haben; wahrscheinlich sollte ich doch besser nicht Nonne werden, stimmt's?"

Ich hatte eine Antwort erwartet wie: „Das ist richtig. Am besten verlässt du den Orden und vergisst die Sache mit dem Nonnesein", denn das hätte ich zu diesem Zeitpunkt am liebsten gehört. Nach einer langen Pause meinte sie aber: „Ich glaube nicht, dass du Nonne sein könntest, wenn du *nicht* so fühlen würdest. Ein Teil von dir sehnt sich danach, Liebe zu geben und zu empfangen, und gerade das wird dich zu einer guten Nonne machen."

Ich glaube, sie hat Recht.

Nicht alle Frauen möchten Kinder haben, aber auch nicht alle Nonnen möchten *keine* Kinder haben – ich jedenfalls gehöre zur letzteren Kategorie!

GEHORSAM. In dem Wort „Gehorsam" und „gehorchen" steckt der Begriff „horchen" und „hören". Gehorsam heißt also auch, auf jemanden zu hören, ihm zuzuhören. Um zuhören zu können, muss man sowohl den Umständen gehorchen als auch Menschen. Und Gott begegnet einem in den Umständen und in den Menschen; also hört man Gott auch dadurch zu. Jedes Mal, wenn dich jemand darum bittet, etwas zu tun, aber du möchtest es eigentlich anders machen, dann erkennst du, wie gemein du eigentlich bist. Oder vielleicht sollte ich lieber sagen, *ich* erkenne, wie gemein *ich* in Wirklichkeit bin. Kleinigkeiten so machen zu müssen, wie andere Leute sie haben wollen – das macht mich einfach verrückt! So etwas zeigt dir, wie verbohrt du selber bist und wie wenig friedlich dein Wesen ist.

Man muss sich selbst fragen: „Was will ich hier eigentlich erreichen?" Was ich will, ist Gott suchen und nicht meinen eigenen

Willen durchsetzen. Wenn es Unstimmigkeiten gibt und jemand von dir verlangt, etwas auf seine Art und Weise zu tun, dann lernt man, sich selbst zu fragen: „Was ist hier wichtig?" Und wenn man erkennt, was der Kernpunkt ist, dann wird es irrelevant, wie du es machen willst; du machst es einfach.

Bei einem kontemplativen Leben geht es um die Sinnlosigkeit der Schönheit. Irgendwie ist Schönheit ja nicht zu rechtfertigen, weil sie keinen praktischen Nutzen hat. Wenn ich mich frage: „Breche ich mit den Hungrigen mein Brot?", dann muss ich das natürlich verneinen, aber ich weiß, unser Leben ist schön, und ich hoffe, dass einige Leute diese Schönheit und den Gott, auf den sie hinweist, erkennen.

Es war ein großartiges Erlebnis für mich, den Orden der Schwestern der Heiligen Maria am Kreuz in London zu besuchen. Mir machte die Krankenpflege großen Spaß, und ich fragte mich: „Warum tue ich das denn eigentlich nicht?"

Was mich hierher zurückgebracht hat ist zum Teil die Erkenntnis, dass ich immer mehr merkte, wie ich mich über meine Arbeit definiert habe. Als ich im Hospiz arbeitete, habe ich häufig Leute getroffen, die sich für völlig wertlos hielten, sobald sie nicht mehr arbeiten konnten.

Man kann das Kreuz auch so verstehen: Jesus war bereit zu sterben, weil das wichtiger war als all die guten Werke, die er unserer Meinung nach noch hätte tun sollen. Predigen und Kranke heilen scheint so viel nützlicher zu sein als dieser grausame Tod am Kreuz. Aber in Wirklichkeit war sein Sterben die kreativste Form der Hilfe.

Neulich ist mir ein Buch in die Hände gefallen, in dem der Autor berichtet, wie er im Zweiten Weltkrieg in der Kriegsgefangenschaft in Japan gefoltert wurde. Später ist er wieder nach Japan zurückgekehrt und hat einen seiner Folterknechte wieder getroffen. Er sagte: „Der Hass muss aufhören." Es war ein unglaublich bewegendes Buch. Seine Aussage ist, dass der Wunsch nach Frieden und Harmonie größer und besser ist als Tod und Folter und dass dies nicht nur für Jesus galt, sondern auch für alle Menschen. Warum gibt es Leid in der Welt? Hmm, „ich weiß es nicht" wäre wohl eine ehrliche Antwort, aber etwas unergiebig. Ich kann Ihnen sagen, wie ich mir das Leiden erkläre. Wir neigen dazu zu meinen, dass Gott irgendwas nicht richtig gemacht hat, weil es das Leid auf der Welt gibt, aber wir sollen an ihn glauben und ihm vertrauen. In einer Predigt, die ich vor kurzem gehört habe, war von dem Abschnitt im Buch Hiob die Rede, wo die Morgensterne nach der Schöpfung Gott lobten und alle Engel vor Freude jauchzten. Der Priester bemerkte dazu, dass die Engel auch ebenso gut nicht hätten jubeln können – sie hätten den ganzen Vorgang kritisch hinterfragen und bezweifeln können, ob es auch richtig war, die Welt zu erschaffen. Sie hätten fragen können: „Wenn du etwas ins Leben rufst und es dann sich selbst überlässt, wird das nicht in Zukunft eine Menge Ärger geben? Und das macht uns dann viel Arbeit! Wir müssen Dinge tun, die bisher gar nicht in unserer Jobbeschreibung vorgesehen sind. Wir jubeln nicht, wir beschweren uns! Wenn du uns gefragt hättest, hätten wir nie zugestimmt, die Welt zu schaffen und solchen fehlerhaften Wesen eine derartige Freiheit zu geben."

Wir mögen darüber lachen, aber das ist genau die Einstellung, die wir haben, wenn wir dem Schöpfer der Welt sagen: „Das hast du aber nicht richtig gemacht – es gibt Leid auf der Welt, also stimmt da etwas nicht!"

Wie groß das Leid in der Welt auch ist, Gott ist auch im Leid bei uns und trägt es mit uns. Ich will damit nicht sagen, dass Gott das Leid gutheißt. Wir meinen, Gott müsste eingreifen und alles Leid von uns nehmen. Aber das ist nicht die Art und Weise, wie Gott damit umgeht, und wir müssen darauf vertrauen, dass seine Art und Weise tatsächlich die beste ist. Nicht, dass mir das immer so gelingt. Oft sage ich Gott, dass meiner Meinung nach alles auf der Welt schief läuft.

Aber diese Predigt will uns klarmachen, dass wir Gott *glauben* müssen. Wir möchten ein direktes Eingreifen Gottes erleben, weil wir das Leid nicht aushalten. Aber Gott macht es nicht so wie wir;

sein Konzept ist einfach anders als unseres. Gott ist auch mit sich selbst in Bezug auf Leid anders umgegangen, denn er hat selbst gelitten.

Ich liebe das Leben hier im Orden. Ich liebe die Ganzheitlichkeit und die Ausrichtung meines ganzen Lebens auf Gott. Das ist sehr befreiend, und deshalb bin ich hierher gekommen. Ich fühle mich im Einklang mit mir selbst, mit Gott und mit der Natur. Wir haben einen Garten und bauen unser Gemüse und Obst selbst an. Ich liebe diese Beziehung zur Erde, die Ernte ihrer Früchte. Wir leben im Rhythmus der Jahreszeiten. Früher wusste ich immer nur anhand der jeweiligen Schulferien, welche Jahreszeit wir gerade hatten. Jetzt weiß ich es, weil die Stachelbeeren reif sind oder die Krokusse blühen.

Ich habe eine Geige, und manchmal spiele ich eine Barocksonate mit jemandem, der mich begleitet. In den Ferien – das sind zwei Wochen pro Jahr – kommen meine Freunde mit einem Auto, das voll gepackt ist mit Noten und Instrumenten, und dann singen wir gemeinsam.

Ich kann ehrlich sagen, dass es mir viel Spaß macht, hier im Orden zu leben. Jeder spricht mich an wegen der Freude, die mir offenbar aus allen Knopflöchern strahlt. Eine Mitschwester sagte mir, es gäbe ein arabisches Sprichwort, das lautet: „Wenn das Auge des Pferdes funkelt, dann liegt Segen auf dem ganzen Haushalt." Sie hat dieses Sprichwort abgewandelt und meint, dass das Funkeln in Schwester Judiths Augen bedeutet, dass Segen auf dem Orden liegt. Aber lassen Sie das in Ihrem Buch besser weg!

Zum Zeitpunkt des Interviews war Judith bereits viereinhalb Jahre im Orden. Nach weiteren drei Jahren möchte sie ihre lebenslangen Gelübde ablegen.

Schwester
Lynn

—◀◯▶—

Schwester Lynn
Orden der Schwestern der Kirche – Richmond, England

Ein Arbeitskollege meinte über mich:
„Sie flüchtet vor der Realität",
und eine andere Kollegin nahm ihn sich vor
und sagte: „Jetzt hör mal zu. Sie läuft nicht davon!
Das ist das Schwerste, was sie je in ihrem Leben
getan hat."
Das ist sehr interessant, denn diese zweite Kollegin
ist kein bisschen religiös. Aber sie wusste,
dass das keine Sache ist, die in die Kategorie
„weglaufen" fällt.

Schwester Lynn ist 33 Jahre alt und seit zwei Jahren Novizin. Sie ist zierlich und von Natur aus eine ruhige und, so kam es mir vor, recht in sich gekehrte Person. Ich kann mir nicht vorstellen, was sie gedacht hat, als sie von Seiten des Ordens gefragt wurde, ob sie bereit wäre, mir ein Interview zu geben. Wir begannen in ziemlich ernstem Ton, aber am Ende des Interviews wäre ich gern noch länger geblieben. Mir war klar geworden, dass Lynn sich erst richtig wohl fühlte, als wir nicht mehr von ihr sprachen, sondern über geistliche Themen.

Der riesige Orden hat ein modernes Kirchengebäude, einen Konferenzraum, in dem 30 Leute Platz haben, und 14 Gästezimmer für Einzelpersonen oder Gruppen, die zur Erholung und zu Exerzitien hierher kommen oder einfach nur, um den wunderschönen großen Garten zu genießen, in dem Lynn und ich uns unterhielten.

Zuerst beschreibe ich vielleicht einfach einmal unseren Tagesablauf. Die Morgenglocke läutet um 6 Uhr. Wenn man selbst damit dran ist, die Glocke zu läuten, muss man natürlich noch früher aufstehen. Wir beginnen mit einem Abendmahlsgottesdienst in der Kapelle um 6:40 Uhr. Danach folgt eine halbstündige Meditation und danach gibt es Frühstück. Dann folgt der nächste Gottesdienst, das Morgenbrevier um 8:20 Uhr, und danach kommen wir alle zusammen und schauen uns den Tagesplan an. Im Moment sind wir sechzehn Schwestern; weltweit gehören zu unserem Orden ungefähr neunzig. Dieses Treffen endet so etwa gegen neun Uhr. Dann beginnt die Arbeit, die für mich als Novizin hauptsächlich aus Hausarbeit besteht. Der Morgentee wird um 10:30 Uhr gereicht, und dann haben die Novizinnen von 11:15 Uhr bis 12:15 Uhr Unterricht. Dieser Unterricht beinhaltet alle möglichen Bereiche – vom Gebet bis hin zur Ordensgeschichte. Freitags kommt ein externer Lehrer, und dieser Unterricht ist offen für alle, die gerne daran teilnehmen wollen. Die letzte Unterrichtsreihe wurde von einem Rabbi gehalten, der uns über die Psalmen gelehrt hat.

Der Mittagsgottesdienst ist gefolgt vom Mittagessen und dem Abwasch. Die Nachmittage sollen die Novizinnen zum Privatstudium nutzen. Wir haben eine Lektüreliste, die wir in zwei Jahren durchgearbeitet haben sollen, und ich bin erst zu einem Viertel damit durch. Ein oder zwei Nachmittage in der Woche haben wir einen individuellen „Dienst". Ich helfe dabei zum Beispiel in einem Reitstall, in dem therapeutisches Reiten für Behinderte angeboten wird. Das gefällt mir ganz gut.

An einem anderen Nachmittag bin ich in einem Heim, in dem wir mit den Behinderten Theaterstücke einüben. An Weihnachten hatten wir eine Pantomime-Aufführung, und es hat allen großen Spaß gemacht. Es war zwar eine ziemlich große Herausforderung, aber es war auch sehr lustig. In diesem Heim sind Leute mit den verschiedensten Arten geistiger Behinderungen, die zum Teil auch schon in psychiatrischen Kliniken gewesen sind. Ich soll ihnen dabei helfen, ihre Nervosität und Scheu zu überwinden und auf einer Bühne zu stehen. Manchmal bin ich die einzige Verantwortliche, und dann entwickle ich eigene Ideen, was wir machen können. Ich habe eigentlich wenig Erfahrung mit dem Schauspielen. Früher habe ich mal in einer Theatergruppe mitgemacht, mit der wir auch Stücke aufführten. Aber das hier ist etwas ganz anderes. Es ist sehr horizonterweiternd und macht mir großen Spaß.

Um 16.00 Uhr gibt es den Nachmittagstee. Der ist natürlich freiwillig, aber es ist eine gute Gelegenheit, sich zum Beispiel mit Gästen zu unterhalten. Unser Abendgottesdienst ist um 17.00 Uhr. Dann folgt eine Stunde Gebet, Meditation und/oder Bibellesen. Das Abendessen ist um 19.00 Uhr. Nach dem Abendessen kommen wir manchmal noch alle zusammen und plaudern oder wir erholen uns auf andere Art. Wir beschließen den Tag mit dem letzten Gottesdienst um 20:40 Uhr.

Ich habe zwei Brüder, der eine ist jünger, der andere älter als ich. Wir sind in einem Vorort von Reading aufgewachsen. Heute ist dort alles zugebaut, aber als Kinder hatten wir noch jede Menge Platz zum Spielen. Mein Vater arbeitete als Bautechniker. Meine Mutter war Hausfrau, weil sie für uns Kinder da sein wollte. Als wir dann alle in der Schule waren, nahm sie einen Halbtagsjob in einem Kinderheim an, aber sie war immer da, wenn wir nach Hause kamen.

Ich wurde als einziges Mädchen sehr verwöhnt. Das genoss ich natürlich, und ich bin froh, dass meine Brüder mir inzwischen vergeben haben. Ich besuchte die Grundschule am Ort, dann die Gesamtschule, bis ich 18 war. Ich würde nicht gerade sagen, dass mir die Schule riesigen Spaß gemacht hat, aber ich hatte auch nichts dagegen; man musste eben einfach hingehen. Ich durfte wählen, ob ich auf das Gymnasium gehen wollte wie mein älterer Bruder, doch ich entschied mich für die Gesamtschule, denn da gingen alle meine Freundinnen hin und ich wollte auf gar keinen Fall auf eine Privatschule.

Meine Eltern waren nicht religiös. Meine Mutter ging zwar immer zum Weihnachtskrippenspiel, doch mein Vater setzte seinen Fuß nur zu Hochzeiten oder Beerdigungen in eine Kirche.

Einer unserer Nachbarn hatte einen Sohn im selben Alter wie ich, und er nahm uns als Kinder immer mit in die Kirche. Jedes Mal rebellierten wir und fragten: „Warum müssen wir denn zur Sonntagsschule gehen? Was soll das?"

Ich kann mich nicht erinnern, dass ich dort etwas Entscheidendes gelernt hätte, aber ich ging hin, bis ich 13 wurde. Dann setzte ich mich durch: „Stephen geht nicht mehr zur Sonntagsschule, seit er 12 ist. Warum muss ich dann noch weiter hingehen?"

Ich gewann und durfte zu Hause bleiben. Doch dann merkte ich, dass ich die Sonntagsschule vermisste und ging wieder hin, aber mehr wegen den anderen Kindern. Es war auf jeden Fall nicht der Unterricht, der mich anzog, denn ich nahm dabei überhaupt nichts auf.

Dann, als ich ungefähr 14 war, wurde Gott auf einmal für mich zu einer Realität. Ich kann eigentlich gar nicht genau sagen, wie das passiert ist. Ich machte gerade eine schlimme Zeit in der Schule durch. Ich passte irgendwie einfach nicht dorthin; ich war anders. Das heißt nicht, dass ich mich irgendwie aufgelehnt hätte. Ich tat mich nur einfach sehr schwer. Mit 14 kommt eine so simple Sache wie das Zerbrechen einer Freundschaft ganz wichtig und bedeutend vor. Zu der Zeit wurde ich nicht damit fertig, als meine beste Freundin und ich uns zerstritten, denn ich war sehr schüchtern und fand nicht leicht Freunde. Ich brauchte jemanden, an den ich mich wenden konnte, und Gott war für mich da.

Da ich sozusagen gezwungen war, mich an Gott zu halten, merkte ich, dass er real ist und dass ich etwas tun musste, um ihn besser kennen zu lernen. Als der Vikar mich fragte, ob ich mich konfirmieren lassen wollte, hatte ich mich schon dazu entschlossen und sagte sofort „ja".

Dann ging ich nach Hause und erzählte meinen Eltern davon nach dem Motto: „Das habe ich beschlossen, und das werde ich auch tun, und niemand wird mich davon abhalten."

Es war so eine Art umgekehrte Rebellion. Ich machte immer alles andersherum. Ich glaube, meine Eltern waren sehr überrascht, denn sie hatten keine Ahnung davon, dass ich „religiös" geworden war, aber sie legten mir keine Hindernisse in den Weg. Ein aktives Mitglied der Kirche zu werden, war meine Art von Widerstand gegen die Leute in der Schule und gegen alles, womit ich aufgewachsen war.

Ich machte meinen Abschluss, aber meine Noten waren nicht gut genug, um auf eine gute Universität zu gehen, und mein Vater war gegen eine Berufsschule. Also stand ich ziemlich im Regen. Nach sieben Monaten Nichtstun bekam ich dann endlich eine Stelle in einer Bücherei. Ich wurde herumgeschoben und hatte drei oder vier verschiedene Aufgaben in der Bücherei. Insgesamt habe ich ganze 11 Jahre dort gearbeitet. Ich verdiente gut und machte fast jedes Jahr Urlaub im Ausland. Ich reiste nach Afrika, Mexiko, Jerusalem und unternahm Kurztrips innerhalb Europas. Ich liebe die Schweiz und Italien. Ich habe auch meinen Bruder in Thailand besucht, als er eine Zeit lang dort lebte.

Erst als ich mit Anfang 20 ein Kloster besuchte und mir das sehr gut gefiel, kam mir der vage Gedanke, Nonne zu werden, zum ersten Mal in den Sinn. Aber ich dachte nicht weiter darüber nach. Ich wollte eigentlich ein ganz normales Leben führen, heiraten und Kinder bekommen. Die einzigen Nonnen, die ich jemals gesehen hatte, waren sehr alt oder schienen es zumindest zu sein. Ich hätte nicht gedacht, dass man als junger Mensch etwas am Klosterleben finden könnte.

Ich fragte meinen Vikar: „Was ist, wenn Gott etwas von mir will, was ich nicht will?"

Er antwortete: „Frag ihn einfach, was du machen sollst. Rede mit ihm."

Und genau das tat ich nicht.

Ich dachte, wenn ich mich nicht weiter damit beschäftige, würden diese Gedanken schon von selbst wieder vergehen. Und sie verschwanden tatsächlich. Ich führte mein bisheriges Leben weiter, doch unverhofft kamen mir die Gedanken ans Nonnesein immer wieder in den Sinn.

Schließlich sagte ich mir: „Okay, wenn ich jetzt nichts unternehme, werde ich nie herausfinden, was richtig ist. Ich muss mir die Sache mit dem Klosterleben ganz genau anschauen, damit ich sie mir ein für alle Mal aus dem Kopf schlagen kann!"

Zu der Zeit hätte ich gesagt: Ja, das war eine Berufung. Aber eine, die ich nicht wollte und auf die ich mit dem Gegenteil reagierte. Aus den unbestimmten Gedanken wurde eine definitive Perspektive. Es wurde etwas, wovor ich weglaufen wollte. Ich war 24, als ich mich ernsthaft damit beschäftigte, Nonne zu werden, und ich war 28, als ich endlich die Konsequenzen zog.

Meine Eltern haben mit meiner Entscheidung zu kämpfen gehabt, denn sie haben immer geglaubt, ich würde mal Ehefrau und Mutter. Aber als sie den Schock erst einmal überwunden hatten, haben sie mich sehr unterstützt. Meine Brüder hielten mich für verrückt, aber sie waren auch interessiert. Ich habe eigentlich von allen nur Unterstützung bekommen. Meine Freunde haben mir sehr geholfen. Sie konnten es zwar nicht verstehen, aber sie hielten zu mir. Mein Chef war amüsiert.

Es war sehr schwer, meinem Freund die Entscheidung mitzuteilen. Ich erinnere mich, wie wir im Pub saßen und ich dachte: „Wie soll ich ihm das bloß beibringen?" Er wollte, dass unsere Beziehung in eine Ehe mündet, aber er musste sich damit abfinden, dass das nicht passieren würde. Er fragte nur ganz fassungslos: „Du willst also Nonne werden?"

Das klingt aber auch so absurd, nicht wahr? Es war wirklich schwer.

Bin ich zum Nonnesein berufen? Es ist schwer, „Berufung" zu definieren, denn dazu müsste man Gott definieren können, der einen beruft, und das ist meiner Meinung nach unmöglich. Ich fühlte mich dazu gedrängt, Nonne zu werden. Ich hatte damals nicht das Gefühl, dass dies etwas ist, was aus meinem tiefsten Inneren kommt, aber heute denke ich, genau so war es.

Das Problem ist, dass sich meine Gedanken und Vorstellungen darüber, wer ich bin und wer Gott ist, in den vergangenen Jahren radikal geändert haben. Es ist also heute schwer zu sagen, was ich damals gedacht habe. Heute denke ich, dass die Sehnsucht nach Gott das tiefste Bedürfnis im Wesen des Menschen ist. Ich denke, dass Gott gleichzeitig die tiefste Sehnsucht und die Erfüllung meiner tiefsten Sehnsucht ist. Wenn also Gott zu mir sagt: „Tu dies", und er nicht nur irgendein „höheres Wesen" ist, das gar nichts mit mir zu tun hat, dann kennt er die tiefste Sehnsucht meines eigenen Herzens und es ist zu meinem eigenen Besten, wenn ich seiner Aufforderung nachkomme. Gott ermutigt mich dazu, den Lebensstil zu wählen, der diese Sehnsucht in mir am besten stillt. Und das ist dann in gewissem Sinn meine Berufung. Aber es ist nicht unbedingt eine Berufung zum Ordensleben, sondern eine Aufforderung, genau das zu sein, was ich bin, und was die beste Art und Weise ist, das herauszufinden.

Ich weiß nicht, ob ich mich klar ausdrücke. Das habe ich bisher nicht in Worte zu fassen versucht, denn das ist etwas, was langsam in mir reift und wächst.

Als Teenager war Gott für mich eine Art Supermann, der mir immer aus der Patsche hilft, in die ich mich mal wieder hineinmanövriert hatte, oder der für mich eintritt und mich tröstet, wenn ich Hilfe brauchte. Es war so wie in einer Art Eltern/Kind-Beziehung, glaube ich. Ich habe immer sehr darunter gelitten, dass Jesus kein Mensch mehr ist, der einen Körper hat wie beispielsweise mein Bruder, mit dem ich ganz konkret in Kontakt treten kann. Danach sehnte ich mich sehr.

Es dauerte eine Weile, bis ich erkannte, was mit dem „Heiligen Geist, der in mir lebt" gemeint war. Im Kopf wusste ich darüber Bescheid, doch ohne zu verstehen, was damit wirklich gemeint ist. Wirklich zu begreifen, dass Gott in mir lebt und ein Teil von mir ist und dass ein Teil von mir ein Teil Gottes ist, damit hatte ich Schwierigkeiten, denn ich wollte einen greifbaren Gott haben, eine Art Über-Chef, der einen Lebensplan für mich hat, dem ich einfach folgen kann. Wenn ich diesem Weg dann nicht folgte, bekam ich Probleme; wenn ich auf dem richtigen Pfad blieb, lief alles glatt. Doch heute weiß ich, dass das Leben so nicht ist. Gott möchte, dass wir eigenverantwortlich leben. Er ist immer bei mir, und so habe ich die Mittel, mit allem fertig zu werden, was mir im Leben geschieht. Früher hätte ich bei vielen Herausforderungen gesagt: „Nein, das kann ich nicht tun" und hätte die Verantwortung von mir geschoben. Irgendwie ist es eine tolle Sache, dass Gott in mir ist ...

Aber wie schon gesagt, das ist alles im Moment noch ein Wachstumsprozess bei mir und macht für Sie wahrscheinlich gar keinen Sinn. Puh! Dieses Interview ist ja wirklich Schwerstarbeit!

Mein Glaube ist dadurch gewachsen, dass ich sehr viel Liebe erfahren habe, seit ich hier im Orden bin. Nicht, dass ich vorher keine Liebe von anderen Menschen bekommen hätte, aber ich hatte nicht erkannt, dass das etwas mit Gott zu tun hat. Wenn man jedoch in einer Umgebung wie dieser hier lebt, dann verbindet man alle Ereignisse eher mit Gott, weil es hier viel selbstverständlicher ist. Ich habe auf jeden Fall durch die Beziehungen und die Leute hier mehr über Gott gelernt als durch Bücher und Unterricht. Sie haben natürlich auch ihre Berechtigung, doch das tiefere Lernen des Herzens geschieht nicht im Klassenzimmer.

Die einfache Tatsache, dass ich meine Arbeitsstelle aufgegeben habe, bei der ich mich schon so gut auskannte, meine vertraute Umgebung und die Menschen, die ich buchstäblich mein ganzes

Leben lang kannte, und in eine ganz andere Gegend gezogen bin, war für mich sehr schlimm. Doch dadurch habe ich die Liebe viel mehr schätzen gelernt, mit der man mir begegnete – nicht nur von Seiten der Schwestern, auch von Seiten anderer Leute außerhalb des Klosters, mit denen ich zusammenarbeite. In gewissem Sinn lernte ich, mich selbst eher zu akzeptieren.

Ich denke, dass Gott sich das für mich gewünscht hat – dass ich mehr Selbstannahme, mehr Akzeptanz für andere Menschen und mehr Liebe erfahre. Ich glaube, dass man Liebe erfährt, indem man nimmt und gibt, und das gilt für die Liebe anderer Menschen und für die Liebe Gottes. Denn Gott handelt durch Menschen. Wie man die Welt erlebt, so erlebt man auch Gott.

Beten ist natürlich hier sehr wichtig. Ich bete auf viele verschiedene Arten. Ich rede ganz normal mit Gott; ich höre zu. Manchmal benutze ich liturgische Gebete. Ich kann Gebet nur als völlige Erfahrung der Liebe Gottes beschreiben. Ich weiß, das klingt wie ein Klischee, aber ich habe einfach keine passenderen Worte.

Im Alltag versende ich „Stoßgebete", wenn irgendetwas schief gegangen ist, meist in der Küche. Dann ist da das tägliche Breviergebet in der Kapelle. Es gibt die meditative Stille, die sehr schwer auszuhalten ist, aber manchmal unheimliche Kraft gibt, und dann bete ich auch kreativ. Ich habe erfahren, dass es Arten von Gebet gibt, von denen man gar nicht glaubt, dass das auch beten ist. Ich fotografiere zum Beispiel und entwerfe Schriften, und ich glaube, das ist zum Teil ein Talent, das ich ausbaue, und zum Teil etwas, womit ich Gott loben kann.

Gott hat auf jeden Fall Humor, und man muss sehr vorsichtig sein, worum man bittet. Leute beten um Geduld, und dann kommen sie in alle möglichen Situationen, in denen sie Geduld lernen müssen. Es ist schwer für mich, jemandem zu sagen: „Natürlich erhört Gott Gebet", ohne zu wissen, welche Erfahrungen dieser Mensch gemacht hat und wie diese Person betet oder wie überhaupt ihre Gottesvorstellung ist. Ich kann nur sagen, dass Gott meiner Erfahrung nach Gebete erhört. Vielleicht gefällt einem die Antwort auf das Gebet nicht oder sie ist nicht gleich so offensichtlich oder man bekommt sie nicht sofort. Das klingt natürlich alles ein bisschen nach Ausflüchten, aber besser kann ich es nicht beschreiben.

Dann ist da das Leid in der Welt. Darüber habe ich eine Reihe von Büchern gelesen. Mir hilft der Gedanke, dass alles Leid, das wir durchmachen, Gott viel mehr zu schaffen macht, als wir uns vorstellen können. Er leidet mehr darunter als wir selbst, denn Gott ist so viel größer als wir. Natürlich ist die Standardfrage immer: „Warum greift Gott nicht ein?"

Darauf habe ich keine Antwort. Ich weiß nur, dass wir durch Leid auch wachsen. Wachstum ist niemals leicht und alle Eltern wissen sicher, dass sie ihr Kind nicht vor allem und jedem, was ihm wehtut, bewahren können. Wenn man das versucht, dann würde man das Kind am wahren Leben hindern. Um ein Kind davor zu beschützen, dass es hinfällt und sich wehtut, müsste man verhindern, dass es überhaupt laufen lernt, und damit würde man ihm einen Teil seines Menschseins nehmen.

Gott schaut also zu, wie wir uns gegenseitig verletzen und es tut Gott mehr weh als uns . . . Nein, nein. Können Sie das bitte streichen? Es klingt furchtbar, wie eine Art von Nichteinmischungsvertrag. Ich glaube, es steckt mehr dahinter. Es hat viel mit der Tatsache zu tun, dass ich Gott nicht länger als ein Wesen ansehe, das wie eine Märchenfee alles mit seinem Zauberstab sofort wieder in Ordnung bringt.

Gottes Macht ist genauso groß wie seine Liebe, aber er hat uns den freien Willen gegeben. Wir selbst sind die Vermittler der Liebe Gottes, aber darin sind wir leider nicht sehr gut. Wir ziehen meist die Bremse und lassen nicht zu, dass diese Liebe uns und unsere Umgebung verändert. Wir sehen die Ungerechtigkeit um uns herum und handeln nicht. Aber wenn wir wirklich wollen, können wir das Leid zumindest vermindern. Weil Gott uns wirklich liebt, greift er nicht ein und beraubt uns damit doch nicht unseres freien Willens, denn er möchte uns helfen, die zu sein, die wir sind, keine Marionetten.

Ich glaube nicht, dass ich diese Frage in den nächsten drei Jahren vollständig für mich beantworten kann; auch das ist ein Prozess.

Ich hoffe, auch außerhalb der Kirche arbeiten zu können, denn ich denke, es gibt einen geistlichen Hunger, der nirgends gestillt wird. Ich habe noch keine Ahnung, in welcher Form das geschehen wird. Ich sehe mich auf jeden Fall nicht als einen „geistlichen Leiter". Im Moment habe ich eine starke Sehnsucht danach, mit Teenagern zu arbeiten, obwohl ich in diesem Bereich keine Erfahrung habe, keine Ausbildung und keine Referenzen. Ich weiß nur, dass es mich begeistert, wenn das Thema in einer Unterhaltung aufkommt. Ich würde es gerne mal ausprobieren. Ich würde auch gern jede andere Art von Arbeit im Kloster übernehmen, außer der Arbeit der Hauswirtschafterin oder mehr als die übliche Küchenarbeit.

Wie stehen Sie zu Armut, Keuschheit und Gehorsam?

ARMUT. Wenn man mich anschaut, würde niemand vermuten, dass ich arm bin. Ich lebe in einem großen Haus mit einem wunderschönen Garten in einer extrem reichen Gegend, ich habe immer genug zu essen und genug Kleidung und ich muss mir keine Sorgen machen um die Miete, die Hypothek oder sonstwelche finanziellen Fragen. Armut ist also ein schwieriges Wort für Menschen in einem Orden, weil es nicht dasselbe bedeutet wie früher, und es bedeutet für uns auf keinen Fall dasselbe wie für den Mann auf der Straße. Unsere Armut tut nicht weh und hat eine Sicherheit im Hintergrund. Die meisten Leute, mit denen ich arbeite, haben Armut erlebt, die viel schmerzlicher ist als meine.

Für mich bedeutet Armut nur, dass ich nicht über eigenes Geld verfüge und keinen eigenen Besitz habe. Das heißt aber nicht, dass man sich leicht damit abfindet, wenn man jahrelang ein gutes Gehalt gehabt hat und mehr oder weniger mit dem Geld machen konnte, was man wollte. Wie schon gesagt, habe ich immer großartige Urlaube gemacht. Ich liebe schöne Kleidung. Ich war nie extravagant, aber es war immer angenehm, genug Geld zu haben, so dass man sich keine Sorgen zu machen brauchte. Jetzt gehört das Geld, das ich habe, gar nicht mir, sondern ist Ordensgeld. Ich muss also sehr gut überlegen, bevor ich irgendetwas kaufe und mir ganz sicher sein, dass ich es wirklich brauche.

Es ist die geringe Auswahl, die man hat, die mir am schwersten fällt. Das Wort „Armut" erklärt nicht wirklich, was das bedeutet. Man muss lernen, damit zu leben. Aber es wäre für mich wahrscheinlich dasselbe, wenn ich mich entschieden hätte zu heiraten und Kinder zu bekommen, denn als Mutter würde ich nicht arbeiten wollen. Wir müssten mit einem Gehalt auskommen und Miete oder Hypotheken bezahlen und es wäre wahrscheinlich nicht genug Geld da, um beispielsweise mal eben nach Mexiko zu fahren. Also unterscheidet sich meine Erfahrung in gewissem Sinn gar nicht so sehr von der anderer Leute.

KEUSCHHEIT. Tja, was soll ich dazu sagen? Ich hatte zu keinem meiner Freunde eine sexuelle Beziehung. Ich wollte das nicht, außer in einer Ehe, aber ich hatte mehrere sehr tief gehende Beziehungen.

Natürlich ist meine Absicht, Nonne zu werden, dazwischengekommen. Es gab einen Mann, der mich heiraten wollte und ich wollte ihn auch – sogar sehr –, aber ich konnte ihm keine Antwort geben, solange ich mir noch nicht über meinen Werdegang im Klaren war. Und ich wollte ihn auf keinen Fall lange mit dieser Entscheidung warten lassen, weil ich das nicht fair fand. Also brach ich die Beziehung ab, weil ich ihm nichts versprechen konnte. Ich glaube nicht an eine Beziehung um ihrer selbst willen. Ich wollte, dass er frei war, um eine Beziehung mit jemand anderem anfangen zu können, und das hätte er nicht getan, wenn ich noch da gewesen wäre. Also habe ich Schluss gemacht.

Ich hätte schon gern mit ihm geschlafen, aber es wäre für mich einfach nicht richtig gewesen. Ich weiß nicht, wie ich heute in einer solchen Situation reagieren würde. Ich würde auf jeden Fall

110

nicht zu jemandem sagen: „Das ist falsch", aber ich weiß nicht, wie ich selbst für mich reagieren würde. Soweit es andere betrifft, kann man nicht mit irgendwelchen Vorschriften kommen, die losgelöst sind von jedem Zusammenhang.

Ohne Sex zu leben ist etwas, woran man arbeiten muss. Es fällt einem nicht leicht. Und wie schafft man es? Ich nehme an, indem man einfach ganz normal weiterlebt und im Kloster bleibt. Und indem man erkennt, wer man selber ist. Ich glaube, das hat eher mit Verstehen zu tun als mit Verzicht. Ich muss die Tatsache akzeptieren, dass ich ein Mensch bin, eine Frau. Das darf ich nicht leugnen.

Was die Gelübde angeht, so ist das die endgültige Annahme. Man sagt: „Sex ist etwas, auf das ich für immer verzichte." Was mich betrifft, so muss ich sagen, ich weiß ja gar nicht recht, auf was ich da verzichte, weil ich es nie erlebt habe. Das kann ich niemals wissen, und das macht es noch schwerer, denn für jeden ist es anders. Bei jeder Entscheidung im Leben ist immer die Frage: „Was wäre gewesen, wenn . . .?" Trotzdem muss man sich für das eine oder das andere entscheiden.

Ich fühle mich mit dem Zölibat eigentlich ziemlich wohl. Es ist kein großes Problem für mich. Ich würde nicht so weit gehen zu sagen, dass es gar kein Problem ist, aber es ist kein besonders großes Problem. Ich wäre sehr dankbar, wenn das so bliebe.

GEHORSAM. Das ist mein Lieblingsthema. Ich bin recht gehorsam . . . aber nur dann, wenn es mir passt. Gehorsam ist etwas, was wir eher mit Kindern oder vielleicht mit Hunden in Verbindung bringen, aber nicht mit Erwachsenen. Ich glaube, für Erwachsene ist Gehorsam ein negatives Wort. Es ist aber eigentlich kein negativer Begriff, wenn man darüber nachdenkt. Es geht darum, in einer Gruppe, in einer Gemeinschaft zu leben und nicht mehr individuelle Ziele zu verfolgen.

Bei alledem geht es immer um informierten Gehorsam, das heißt, dass einem klar ist, was man tut und warum. Um gehorsam zu sein, braucht man eine Menge Vertrauen. Jemand bittet dich, etwas zu tun, und dafür wird dir nicht unbedingt ein Grund angegeben. Also muss man demjenigen einfach vertrauen.

Als ich hier ins Kloster kam, wusste ich, dass ich sechs Monate meines Noviziats in einem anderen Ordenshaus verbringen würde. Es war bekannt, dass ich nicht nach Bristol gehen wollte, und die Alternativen waren zu diesem Zeitpunkt Kanada oder Australien. Man fragte mich beiläufig: „Wenn du die Wahl hättest, wohin würdest du dann gehen wollen?", und ich antwortete: „Kanada." Aber ob das irgendeinen Einfluss darauf hatte, dass ich dann tatsächlich für sechs Monate nach Kanada geschickt wurde, weiß ich nicht. Man muss das Vertrauen haben, dass sie schon wissen, was sie tun.

Das hätte ich vor drei Jahren nie gesagt, aber der Zeitplan ist ziemlich eng hier in Bezug auf das, wann man was tun muss. Nicht, dass ich irgendetwas anders machen würde, ich würde es nur zu anderen Zeiten tun. Ein bisschen mehr freie Zeit würde alles leichter machen, glaube ich. Aber vielleicht auch nicht.

Was mir am besten an dem Leben hier gefällt ist die Freiheit. Es hört sich komisch an, weil ich ja gerade über die Beschränkungen und Regeln und den Zeitplan gestöhnt habe, aber gleichzeitig gestattet mir das Ordensleben, ganz die Person zu sein, die ich wirklich bin. Ich muss niemandem etwas vormachen. Im normalen Arbeitsleben keine Maske zu tragen ist fast unmöglich; hier kann man sich so geben, wie man wirklich ist. Man hat die völlige Freiheit, anders zu sein. Niemand verurteilt dich.

Nicht, dass ich früher verfolgt worden wäre, aber ich spürte immer einen gewissen Druck, mich der Gruppe anzupassen, zu der ich gerade gehörte. Aber hier ist das nicht so. Einer Nonkonformistengruppe kann man sich sowieso nicht anpassen. Das ist sehr befreiend. Man hat die Unterstützung der Leute um sich herum, die sich auch gegen gesellschaftliche Normen und Maßstäbe aussprechen, die man selbst für falsch hält.

Damit will ich nicht sagen, dass alle hier im Orden dieselben Wertmaßstäbe hätten – aber irgendwie gibt dir dein Status als Ordensfrau und die Tracht, die man (meist) trägt, eine besondere Freiheit, Dinge zu sagen, die man sonst nicht sagen könnte. Man kann die Leute herausfordern. Ich war zum Beispiel vor kurzem auf einer Konferenz, und da unterhielt man sich darüber, warum die Leute nicht mehr in die Kirche gehen. Als Nonne konnte ich eine andere Ansicht vertreten als die Allgemeinheit und wurde trotzdem ernst genommen. Als Nonne kann man so anders sein, wie man will.

Ich hätte keinem Orden beitreten wollen, in dem es Pflicht ist, eine Tracht zu tragen. Wir tragen die Ordenstracht nur zu besonderen Anlässen. Ich kann mir überhaupt nicht vorstellen, in einer langen Tracht dahinzurauschen – es wäre Schauspielerei. Es passt nicht zu mir, und ich wollte doch mehr Echtheit für mein Leben haben.

Ich habe mir verschiedene Klöster angeschaut und dieses ausgesucht, weil es mir das richtige zu sein schien. Ich treffe normalerweise keine Entscheidung aufgrund meiner Gefühle, aber diesmal schien mir mein Gefühl wichtig. Jeder fragte mich: „Warum gehst du nicht ins Kloster der Schwestern in Wantage?"

Also habe ich genau das nicht getan.

Ich bin jetzt seit zweieinhalb Jahren Novizin. Mindestens drei bis vier Jahre muss ich noch Novizin sein, dann kann ich darum bitten, für mindestens drei, höchstens sechs weitere Jahre Juniorschwester zu werden. Ich habe also noch siebeneinhalb Jahre, bis ich meine Lebensgelübde ablegen kann, und so habe ich noch sehr viel Zeit zum Nachdenken!

Ich möchte wachsen. Zu Gott hin wachsen, was immer das bedeutet. Es gab Zeiten, da wollte ich am liebsten alles hinschmeißen, und ich bin sicher, das kommt auch wieder vor. Aber ich wollte nie ein Leben führen, wo ich vor allen Schwierigkeiten davonlaufe.

Das Leben hier ist so reich. Ich bin hier viel lebendiger, als ich es je war. Und ich war schon vorher ziemlich lebendig. Wie lebendig man ist, hängt davon ab, was man mit seinem Leben und seinem Potential anfängt. Man kann es entweder sozusagen aus zweiter Hand bekommen – durchs Fernsehen, durch Bücher und andere Menschen –, oder man kann es selbst leben. Ich glaube, die meisten Menschen leben ihr Leben in einer Kombination dieser beiden Dinge. Aber in einem Leben wie unserem kann man sich nicht ablenken oder verstecken vor dem, was das Leben einem bringt (oder vielleicht kann man es auch, und ich habe nur noch nicht entdeckt, wie es geht!).

Jeder erlebt seinen Teil an Vergnügen, Freude, Schmerz und Frustration, und manche sind besser darin, es vor anderen zu verstecken, als andere. Sogar Freude kann etwas sein, was man versteckt, weil ihr Verlust so schmerzlich ist.

Hier im Kloster gibt es nicht viele Bereiche, die man verstecken kann, und so lebe ich ein viel volleres, offeneres und authentischeres Leben. Ich erfahre viel mehr Aspekte des Lebens, als ich es je in meinem bequemen Haus mit meinen netten Freunden und meinem sicheren Job getan habe. Hier ist das Leben viel aufregender. Deswegen ist es auch so schwer.

Aber deswegen ist es auch all die Mühe wert.

Seit diesem Interview hat Lynn einen vierjährigen Diplom-Kurs in Genealogie begonnen („Stammbäume und so ... Das ist wichtig, weil unser Orden früher verschiedene Heime geleitet hat, und jetzt kommen eine Menge Leute zu uns, um ihre Verwandten zu finden. Ich arbeite jetzt hauptsächlich im Archiv und außerdem in der Kapelle und in der Küche ... Einiges da macht mir Spaß, aber anderes überhaupt nicht!“)

Lynn hat jetzt ihr Gelübde für die nächsten drei bis sechs Jahre abgelegt, so dass sie danach jederzeit ihre lebenslangen Gelübde ablegen kann.

Schwester Julie

Schwester Julie
Orden des Heiligen Namens – Derby, England

Als ich eine Weile hier gelebt hatte,
ging ich zu der Novizenschwester und sagte:
„Ich glaube nicht, dass ich im Zölibat leben möchte.“
Sie lächelte mich an und sagte:
„Na ja, keine von uns möchte das.“

Schwester Julie ist 38 und seit zwei Jahren in diesem Orden. Zum Zeitpunkt des Interviews war sie im Ordenshaus in Chester untergebracht, wo sie weitere sieben Monate verbringen wird.

Die Schwestern des Ordens des Heiligen Namens verbinden ein reges Gebetsleben mit dem Dienst in der Ortsgemeinde. Man trägt hier die traditionelle Ordenstracht, aber Julie muss den Schleier nicht ständig anhaben.

Wir hatten ein lustiges Interview und mussten beide viel lachen; ich erinnere mich gern daran – vor allem an die Unmengen an Kuchen und Keksen, die mir vorgesetzt wurden.

Es gibt momentan ungefähr 60 Schwestern dieses Ordens in Großbritannien und noch einmal so viele in Südafrika, in Lesotho und Zululand. Das Mutterhaus befindet sich in Derby. Dann gibt es noch dieses Kloster hier, ein Haus in Keswick und zwei weitere in Nottingham.

In Südafrika sind alle Schwestern jetzt Basutos, Zulus oder Swazis; wir hier sind dagegen alle Weiße. So ist es sehr interessant für beide Seiten, wenn sie ab und zu mal zu uns kommen und bei uns arbeiten und umgekehrt.

Wir haben auch fünf Einsiedlerschwestern, die ganz für sich leben. Einsiedlerschwestern führen ein sehr zurückgezogenes Leben und bringen die Nöte dieser Welt im Gebet vor Gott. Sie haben zuerst ganz normal im Orden mit uns gelebt, und dann haben sie gespürt, dass Gott sie dazu beruft, ein ganz besonders abgeschiedenes Leben zu führen. Sie werden zum Teil vom Orden unterstützt und leben zum anderen Teil von den Handarbeiten, die sie anfertigen. Eine lebt in einem Wohnwagen, andere arbeiten an Ikonen oder beschäftigen sich mit Kalligraphie. Es ist sehr ungewöhnlich, zu einem solchen Leben berufen zu werden.

Meine Eltern gingen beide öfters zur Kirche. Ich kann mich erinnern, dass ich mit sechs Jahren Kirche absolut langweilig fand und immer als „Beschäftigungstherapie" das Gebetsbuch durchblätterte, in dem ich die merkwürdigsten Gebete fand, angefangen vom Gebet um Regen bis hin zum Gebet bei einer Meeresbestattung. Ich glaube, dadurch bekam ich ziemlich verzerrte Vorstellungen von der Kirche und auch von Gott und dem Glauben an ihn.

Ich kann mich an die Sonntagsschule erinnern und die Geschichten über Jesus, die ich dort hörte und die mir gut gefielen. Ich wurde sehr früh konfirmiert, mit elf, und es ist interessant, was ich noch von meinem Konfirmationsunterricht behalten habe: dass Heinrich VIII. die anglikanische Kirche gegründet hat und dass wir gesagt bekamen, warum die Priester zu den verschiedenen Jahreszeiten jeweils Gewänder in unterschiedlichen Farben tragen.

Vor der Konfirmation hatte jeder ein Einzelgespräch, und der Hilfspfarrer fragte mich, was ich werden wollte, wenn ich mal groß wäre. Ich antwortete: „Lehrerin." Er fragte mich daraufhin: „Glaubst du, Gott will, dass du Lehrerin werden sollst?" Ich war sehr überrascht zu hören, dass Gott anscheinend nicht nur sonntags im Gottesdienst etwas zu sagen hatte, sondern auch etwas damit zu tun hatte, was ich mit meinem Leben anfing. Doch viel Konsequenzen hatte das für mich damals nicht. So weit zur Konfirmation.

Dann begann ich, bei der Gruppe der Kleinsten in der Sonntagsschule mitzuarbeiten, und ich ging später auch in den Chor. Der Chor hatte eine gute Leiterin; jeder musste von Zeit zu Zeit einen Solopart übernehmen, und das war sehr spannend und aufregend und ich war gerne dort.

In der Zwischenzeit war ich eine sehr gute Schülerin geworden. Mit dreizehn wechselte ich aufs Gymnasium, wo ich bis zum Abitur blieb. Danach absolvierte ich ein Lehramtsstudium. Unsere ganze Gruppe blieb weiterhin im Kirchenchor, ich auch, denn wir verstanden uns alle super und ich liebte die Lieder, die wir sangen.

Auf dem Gymnasium musste ich im Religionsunterricht natürlich immer so tun, als wüsste ich die Antworten auf die Fragen des Lehrers nicht. Ich hatte schon den ersten Fehler gemacht, als ich in der Schule offen gesagt hatte, ich möge klassische Musik. Wir hatten einen neuen Musiklehrer, und er fragte die Klasse, welche Gruppen oder Musiker wir gern hatten. Zu der Zeit stand ich gerade auf Mendelssohns „Fingals Höhle", und das gab ich auch offen zu.

Der Musiklehrer meinte nur: „Da stehen Sie mit Ihrem Geschmack aber ziemlich allein da."

Ich dachte bei mir: „O weh, da bin ich aber ins Fettnäpfchen getreten!" Ich wollte auf keinen Fall eine Außenseiterin sein. Also war klar, dass ich nicht zugeben würde, dass ich einiges über die Bibel und die christliche Religion wusste.

Ich hatte zwar ein paar Freundinnen, aber ich war schüchtern und ein bisschen streberhaft und deshalb nie besonders beliebt. Ich lernte Klavierspielen und übte viel. Es gefiel mir auch viel besser, zu lernen und klassische Musik zu spielen, als in die Disco zu gehen. Der Krach und die Stimmung dort machten mir eher Angst.

Bis 15 wollte ich sogar Lateinlehrerin werden – ich weiß, das ist eine Horrorvorstellung! Latein ist fürchterlich, nicht wahr? Doch ich liebte es, die Ursprungswörter zu suchen und die Konjugations- und Deklinationsmuster zu finden. Es war wie ein spannendes Puzzlespiel. Aber als ich herausfand, dass man als Lateinlehrer auch Griechisch und Alte Geschichte studieren musste, änderte ich meine Meinung. Ich bewarb mich für eine Ausbildung als Musiklehrerin, doch obwohl ich Klavier spielen konnte, war ich dort total verloren, denn ich hatte keine Grundlagen in der Harmonielehre oder überhaupt der Musiktheorie. Also wechselte ich zu Englisch auf Lehramt und behielt Musik als mein Hobby. Später machte ich dann doch noch meinen Abschluss in Musikerziehung.

1981 gab es kaum Lehrerstellen, aber glücklicherweise ergatterte ich trotzdem eine, in der ich fünf Jahre arbeitete. Danach unterrichtete ich Musik an einer Mittelschule und wollte mich gerade fürs Konrektorat bewerben, als ich spürte, dass das nicht genug für mich war. Das war der Beginn des Weges, der mich letztendlich hierher führte.

Meine Erfahrungen mit Gott hatten als Teenager mit dem Wunder der Schöpfung zu tun. Ich erkannte einen liebenden Schöpfer hinter der Schönheit des unendlichen Weltraums, des Abendhimmels, des Sonnenaufgangs. Als ich später in der Kirche die Orgel spielte, wollte ich oft das Kirchengebäude überhaupt nicht mehr verlassen. Ich kann das Gefühl im Altarraum nur als eine unglaubliche Aura von Liebe und Anziehungskraft beschreiben. Und als ein Gefühl von Freude, Energie und Kraft, das ich mit nach Hause nahm.

Natürlich fragte ich mich als Teenager, ob Gott wirklich existiert. Aber ich sprach trotzdem mit ihm und sagte ihm beispielsweise: „Also, wenn es dich wirklich nicht gibt, dann rede ich jetzt wohl mit der Luft, und das Ganze ist ziemlich lächerlich." Und ich bekam so oft eine Antwort und das Gefühl seiner Präsenz, dass ich langsam nicht mehr daran zweifelte, dass es ihn gab.

Ich hatte ein Bild des Künstlers Holman Hunt geschenkt bekommen, das „Das Licht der Welt" hieß und zeigte, wie Gott in das Leben eines Menschen kommt. Als Teenager wollte ich, dass Gott auf diese Weise bei mir war. Die Schönheit seiner Schöpfung überzeugte mich davon, dass er hochinteressant sein musste, und das, was ich in der Kirche über ihn hörte, passte dazu. Ich ging schon längere Zeit in die Kirche, weil ich mich für Gott entschieden hatte, nicht so sehr, weil meine Eltern das wollten. Ich hatte mich einfach in Gott verliebt.

Als ich älter wurde, wechselte ich die Gemeinde. Das war gut, weil ich mich so auch, was den Glauben anging, zu einer eigenständigen Persönlichkeit entwickeln konnte und nicht mehr nur die Tochter meiner Eltern war.

Die Sonntagnachmittage verbrachte ich allein in meinem Zimmer. Manchmal träumte ich einfach nur vor mich hin und starrte aus dem Fenster oder ich las in der Bibel. Aber oft tat ich auch nichts, was speziell christlich war . . . Ich war einfach da und gab Gott Gelegenheit, auf mich zu wirken. Und da war wieder dieses Gefühl, dass ich geliebt wurde. Es war ein so überwältigendes Gefühl, dass ich manchmal sogar weinen musste. Es war, als ob ich mich geradewegs aus dem Fenster schwingen und fliegen könnte. Ich habe das natürlich nicht versucht, aber das Gefühl war herrlich. Ich wusste, dass es Gott wirklich gibt.

Nach diesen besonderen hochfliegenden Erlebnissen gab es dann allerdings oft ein krachendes Geräusch, wenn ich wieder auf dem harten Boden der Tatsachen landete. Ich weiß noch, wie ich in den Abendgottesdiensten immer Orgel spielte und ganz begeistert war. Doch wenn ich danach nach Hause kam, fühlte ich mich so einsam, dass ich manchmal dachte, ich machte einfach alles falsch. Dann überlegte ich, dass ich mir vielleicht doch einen Freund suchen sollte, denn ich hielt diese schreckliche Einsamkeit nicht mehr aus.

Als ich 25 war, fühlte ich mich völlig erdrückt von den Erwartungen meiner Eltern, meiner Freunde und der Gesellschaft als Ganzes. Alle drängten darauf, dass ich einen Freund hatte und endlich heiratete. Ich engagierte mich in der Gemeinde und half bei vielen Arbeiten. Der Organist hatte die Gemeinde verlassen, und so wurde ich gefragt, ob ich seinen Platz nicht vorübergehend ausfüllen wollte. Ich spielte also „vorübergehend" acht Jahre lang die Orgel und tat auch sonst noch so einiges in der Gemeinde. Schließlich ging ich zum Vikar und erklärte ihm, dass ich mehr Zeit für mich brauchte. Ich machte viel zu viel, und das wurde mir auch allmählich bewusst.

Im Fernsehen lief zu dieser Zeit eine Serie namens: „Die Bräute Christi", eine australische Reihe, in der es um Nonnen ging. In der ersten Episode war ein junges Mädchen die Hauptperson, die ihren Verlobten verlässt und ins Kloster geht. Da fiel es mir wie Schuppen von den Augen. Ich dachte: „Genau das solltest du auch tun."

Es war natürlich ein abenteuerlicher Gedanke, und ich sagte mir: „Sei nicht albern." Ich wusste überhaupt nichts über das Leben im Kloster. Ich hielt mich selbst für verrückt. Aber der Gedanke ließ mich nicht mehr los. Ich sagte mir: „Das mit dem Nonnesein ist nichts für mich. Dieser Lebensstil ist wohl ein bisschen zu extrem. Aber vielleicht soll ich Pfarrerin werden?"

Das schien mir viel vernünftiger. Also unternahm ich in dieser Richtung die ersten Schritte und wollte auch ein paar Bücher über das Leben in Ordenshäusern lesen. Doch ich musste feststellen, dass es überhaupt keine Literatur darüber gab.

Als ich dann mit der Frauenreferentin der Kirche ein Gespräch wegen der Pfarrerausbildung hatte, fragte sie mich: „Haben Sie je erwogen, Nonne zu werden?"

Und ich sagte: „Ähm, tja, darüber habe ich mir tatsächlich Gedanken gemacht und ich glaube, das würde mir wirklich liegen." Oder so was Ähnliches.

Ich hatte dann eine Reihe von Terminen mit ihr, bei denen wir über die Ausbildung zur Pfarrerin sprachen, und ich las eine Menge Bücher über geistliche Berufe. Es war ein bisschen so, als würde ich mich an dieser Pfarrerinnen-Idee festbeißen, um ja nicht Ordensfrau werden zu müssen. Ich betete aber auch und fragte Gott, welchen Weg ich gehen sollte.

Als ich in den Urlaub fuhr, sagte ich zu Gott: „Ich weiß zwar nicht, was das alles soll, aber wenn du etwas Bestimmtes mit mir vorhast, dann wäre jetzt ein guter Zeitpunkt, um es mir näher zu erklären. Ich werde tun, was du sagst."

Genau das habe ich immer wieder festgestellt: Man muss manchmal den Sprung wagen und „Ja" sagen, obwohl man noch nicht alle Fakten kennt, und erst dann wird alles klarer. Ich wusste zu diesem Zeitpunkt noch nichts über das Leben im Kloster, aber ich hatte das starke Gefühl, dass es das war, wo Gott mich haben wollte.

Also sagte ich: „Okay, wenn es das ist, was du willst, dann werde ich nicht länger davor davonlaufen und es auch nicht in einen Ruf als Pfarrerin oder etwas anderes ummünzen."

Das war an einem Samstag. Ich fuhr also wie geplant in den Wanderurlaub. Für den Sonntag war eine Gruppenwanderung angesetzt. Ich wollte aber in die Kirche gehen, und so nahm ich mir vor, ganz früh in den 8-Uhr-Morgengottesdienst zu gehen. Doch ich verschlief natürlich. Anstatt also an der Wanderung teilzunehmen und den Gottesdienst zu verpassen, entschloss ich mich, zuerst in die Kirche zu gehen und danach allein zu wandern.

Ich betrat die Kirche, und da saß gleich vor meiner Nase eine Nonne. Das war ein Schock, denn man sieht ja Nonnen schließlich nicht oft einfach so irgendwo herumsitzen, oder? Ich hatte vorher überhaupt noch nie eine echte Nonne gesehen. Die meisten Klöster sind im Süden Englands, und ich wohnte ganz im Norden.

Nach dem Gottesdienst ging ich zu der Nonne hin und sprach sie an. Sie war eine Schwester des Ordens des Heiligen Namens. Sie bot mir an, mit in das Ordenshaus in Keswick zu gehen, und ich nahm gerne an. Unterwegs erzählte ich ihr in aller Ausführlichkeit, was ich seit der Fernsehsendung vor neun Monaten erlebt hatte und fragte sie, was ich wohl als Nächstes tun sollte.

Sie gab mir die Adresse des Rates der anglikanischen Klöster und schlug vor, dass ich mir ein paar Ordenshäuser ansehen und weiter lesen und beten sollte. Inzwischen habe ich schon von vielen Leute gehört, dass sie Ordenshäuser besucht haben und dann auf eines getroffen sind, in dem sie sich sofort zu Hause fühlten. Denn jeder Orden ist anders.

Es war wirklich komisch: Je länger ich mit ihr sprach, desto überzeugter war ich, dass ich dabei war, das Richtige zu tun. Ich dachte allerdings bei mir: „Wie soll ich das bloß den anderen beibringen?"

Ich habe ein Buch gelesen mit den Geschichten von acht Leuten, die alle in einen Orden eingetreten sind. Es wurde von Maria Boulding herausgegeben und nannte sich „A Touch of God" (Von Gott berührt). Als ich die Geschichten las, bewegten sie mich tief, obwohl sie alle sehr alt sind und sich die Orden seitdem sehr verändert haben.

Habe ich eine Berufung erlebt? Hm . . . tja . . . wie soll ich das beschreiben? Zunächst spürte ich eine starke innere Unruhe und ein Gefühl der Unzufriedenheit mit meinem Beruf als Lehrerin, die ich gar nicht verstehen konnte. Ich dachte erst, das läge an den Veränderungen im Lehrplan, aber das war es nicht. Ich unterrichtete immer noch gern, ich liebte die Kinder und stand kurz vor einer Beförderung. Ich fühlte mich wohl an der Schule, weil ich etwas Sinnvolles tat, und ich fühlte mich auch wohl in der Gemeinde, weil ich mich auch dort einbrachte und gern mit meinen Freunden zusammen war – aber irgendwie war es nicht genug, nicht das Richtige. Ich schien mich in mehreren Leben gleichzeitig zu engagieren und fühlte mich innerlich zerrissen.

Als ich über das Leben im Orden las, beispielsweise über den Tagesablauf, schien es mir, als ob hier die Zersplitterung des Alltags aufhörte und alles auf den selben Punkt gebracht wurde. Meine Berufung schloss dieses Gefühl mit ein, der Wunsch, dass das Leben eins war und nicht in kleine Bestandteile zerfasert wurde. Es war also der Wunsch, ganzheitlich zu leben und Gott ganz direkt näher zu kommen.

Ich hatte außerdem das Gefühl, dass man als Single in unserer Gesellschaft gegen den Strom schwimmt. Überall braucht man einen Partner, um dazuzugehören. Es war schwer für mich, damit fertig zu werden. Ich fand damals und auch heute nicht, dass ich ohne Partner weniger wert oder ein armes Würstchen war, aber ich war eine Ausnahme und wollte einfach nicht immer mit diesem „Ausnahmezustand" leben.

Es war aber nicht so, dass ich sagte: „Okay, das eine klappt also nicht, also versuchen wir es mal mit was anderem." Es war eine Erleichterung für mich, dass ich nicht länger den Erwartungen um mich her gerecht werden musste. Ich wollte immer heiraten, aber keine Kinder haben – was erstaunlich ist, denn ich liebe Kinder und habe sie immer gern unterrichtet. Aber eigene Kinder wollte ich einfach nicht. Ich glaube, es hat etwas damit zu tun, dass man dann zumindest für einige Jahre völlig in Beschlag genommen ist, denn Kinder brauchen nun mal eine Menge Zeit. Das klingt jetzt so, als wollte ich aus egoistischen Gründen keine Kinder; so war es nicht, denn ich widmete ihnen ja auch als Lehrerin gern viel Zeit. Irgendwie hatte ich nur nicht das Gefühl, dass das Muttersein meine Berufung war. Dieser Hang zum Ordensleben machte immer mehr Sinn für mich.

Das ist alles sehr schwer zu beschreiben, und ich kann kaum die richtigen Worte finden. Ich spürte immer, dass ich ein bisschen anders war, dass ich den normalen Erwartungen der Welt nicht entsprach. Doch als ich hierher kam, war ich plötzlich nicht mehr merkwürdig, denn hier gab es andere Leute, die genau dasselbe wollten, dachten und taten! Und sie taten das in erster Linie, weil Gott es für sie so wollte. Als ich mir einige Ordenshäuser angesehen hatte und mir schließlich ganz sicher war, dass mich Gott zum Ordensleben berufen hat, verspürte ich eine absolute Erleichterung.

Meine Freunde an der Schule sagten: „Was um Himmels willen ist denn mit dir passiert? Du siehst ja völlig anders aus! So glücklich und wie von einer Last befreit!"

Und das stimmte; ich war wirklich glücklich. Ich hatte vorher einen enormen Druck gespürt, alles zusammenhalten zu müssen. Ich musste beim Konkurrenzkampf um die Beförderungen mitmachen, immer geschäftig sein und Leistung bringen, und dann ist es auch noch wichtig, dass man sich sozial engagiert. Plötzlich brauchte ich all das nicht mehr mitzumachen. Ich wurde nicht länger in fünf verschiedene Richtungen gezerrt und genoss zum ersten Mal in meinem Leben das Gefühl, dass ich all meine Energie auf ein Ziel hin ausrichten konnte und dass dieses Ziel genau das war, was ich wollte: ein Leben in der Nähe Gottes.

Also besorgte ich mir ein kleines Heft, in dem alle Klöster aufgelistet waren und suchte drei heraus, die mich ansprachen: Die Burford-Abtei, Freeland (ein kontemplativer Orden) und diesen hier. Burford ist ein gemischter Orden, es gibt dort Mönche und Nonnen, aber der Orden war 12 Jahre lang geschlossen – erst seit kurzem werden in dem Orden wieder neue Novizen aufgenommen. Der Orden in Freeland ist kontemplativ, und das war ganz offensichtlich nicht das Richtige für mich.

Nachdem ich diese beiden Ordenshäuser besichtigt und mich dort sehr unwohl gefühlt hatte, war ich ziemlich verunsichert. Vielleicht war das Ordensleben doch nichts für mich? Vielleicht sollte ich doch wieder das Pfarramt ins Auge fassen?

Am liebsten hätte ich sofort ein neues Treffen mit der Frauenbeauftragten vereinbart. Aber ich entschied mich dafür, den Termin hier in Derby trotzdem einzuhalten, wenn auch mehr, um ein ruhiges Wochenende zu verbringen und mich zu erholen.

Als ich aus dem Auto stieg und auf das Hauptgebäude blickte, hatte ich den Eindruck, dass es eine Art Mischung zwischen dem Wohnheim war, in dem ich während meiner Schulzeit gewohnt hatte, und dem Haus, in dem ich zu diesem Zeitpunkt wohnte. Es war recht modern – im Gegensatz zu den beiden anderen Häusern, die ich schon besucht hatte – und es gefiel mir sofort. Die Gästeschwester, die mich betreute, nahm mich sehr herzlich auf und stellte mich sofort der Schwester vor, die sich um die Novizinnen kümmerte. Sie wusste, dass ich mit dem Gedanken spielte, Nonne zu werden, und sagte ganz locker und unverbindlich, dass ich am nächsten Tag ein Gespräch mit ihr haben könnte, wenn ich wollte.

Ich ging an diesem Abend eine Viertelstunde vor dem Gottesdienst in die Kapelle, um noch ein bisschen Ruhe zu haben. Ich fand, dass es hier sehr schön war und alle Schwestern so nett, aber eigentlich hatte ich mit dem Gedanken ans Nonnesein schon innerlich abgeschlossen. Nach ungefähr fünf Minuten beschlich mich aber ein merkwürdiges Gefühl, und ich dachte: „Gott will mich hier haben." Das war ein ganz klarer Gedanke, mehr schon eine innere Sicherheit.

Aber ob das nicht doch einfach nur ein verrückter Gedanke war, den ich mir selbst ausgedacht hatte? Ich hatte nur die Stärke und Intensität dieser Überzeugung in mir, nach der ich mich richten konnte, und ich wusste, dass dieses Gefühl noch geprüft werden musste. Ich ging zuerst mal schlafen.

Am nächsten Morgen wanderte ich auf dem Gelände herum, wobei ich sehr aufgeregt und ratlos war. Ich sprach mit der Novizenschwester und der Oberin, aber richtig Klarheit bekam ich dadurch noch nicht. Ich weiß bis heute nicht genau, was mich an diesem Orden so anzog. Das Kloster schien offen und freundlich, und es war dort immer viel los. Es gab damals etwa 30 Schwestern und zwei Novizinnen.

Ich machte einen weiteren Besuchstermin einige Montae später aus und arbeitete ganz normal weiter. Mein größtes Problem war jetzt die Tatsache, dass ich mich nicht traute, meiner Mutter zu erzählen, dass ich Nonne werden wollte. In den folgenden zwei Monaten versuchte ich mich selbst davon zu überzeugen, dass ich Pfarrerin werden sollte. Ich kümmerte mich um alle Formalitäten und vereinbarte Gespräche, doch an dem Wochenende vor dem wichtigsten Termin fuhr ich ein zweites Mal hierher.

An diesem zweiten Wochenende lösten sich all meine Zweifel in nichts auf.

Natürlich ging das nicht von selbst. Am Samstagmorgen plagte ich mich mit der Frage: „Soll ich in den Orden gehen? Soll ich mich zur Pastorin weihen lassen? Woher soll ich denn nur wissen, was für mich dran ist?"

Ich sprach mit einer der Schwestern darüber und fragte sie: „Wie denken Sie darüber? Haben Sie jemals das Gefühl gehabt, dass Sie falsch entschieden haben?" Sie konnte natürlich nicht für mich entscheiden, aber sie gab mir einige wertvolle Hilfen. Außerdem las ich das Buch „Der Gott der Überraschungen" von Gerry Hughes. Darin geht es darum, wie man erkennt, was Gott von einem möchte und was man sich selbst einbildet und wo man seine eigenen Wünsche in etwas hinein projiziert. Er schreibt – und das ist eigentlich ganz klar –, dass man eine Liste machen soll mit den Dingen, die für einen bestimmten Weg sprechen, und solchen, die dagegen sprechen, und dann soll man darüber beten.

Ich listete also alle Fürs und Widers auf und betete lange. Und dabei fühlte ich mich eindeutig zum Ordensleben hingezogen. Ich entschied mich für diesen Weg und verspürte einen tiefen inneren Frieden darüber. Es war wie der Weg zur inneren Heilung für mich und ich fühlte wieder dieselbe Freude, die ich früher immer empfunden hatte, wenn ich betete. Mein Bewusstsein von der Gegenwart Gottes war lange Zeit unterdrückt worden bei all den Versuchen, meinen eigenen Ansprüchen und den Erwartungen anderer gerecht zu werden. Und plötzlich sah ich den Weg ganz klar vor mir. Ich war endlich frei und konnte ganz ich selbst sein.

Ich kam noch ein drittes Mal und fragte die Ordensleitung, ob ich in meinen Ferien 10 Tage lang im Orden leben durfte. Nach diesen 10 Tagen war ich sicher, dass es das Richtige war, aber ich wartete noch ein Jahr mit dem Eintritt in den Orden, und zwar aus zwei Gründen: Ich wollte zuerst meinen Job als Lehrerin ordentlich zu Ende bringen, sprich, das Schuljahr zu Ende machen und der Schule genug Zeit geben, um eine Nachfolgerin zu finden.

Und dann starb mein Vater ganz plötzlich, und ich wollte im ersten Jahr danach möglichst viel Zeit mit meiner Mutter verbringen. Ich wohnte nur fünf Minuten von meiner Mutter entfernt und besuchte sie sehr oft, so dass sie sich ganz langsam an den Gedanken gewöhnen konnte, dass ich ins Kloster gehen würde. Es war sehr schwierig, denn sie war ganz entschieden dagegen. Nicht, dass sie erwartet hatte, dass ich bei ihr bleiben würde; aber sie wusste überhaupt nichts über das Klosterleben und dachte, dass all die Gerüchte über sinnlose Strenge und Unterdrückung wahr seien. Sie hat wahrscheinlich gehofft, dass ich mit der Zeit von dem Gedanken abkomme, wenn das Thema nicht angesprochen würde. Doch das war nicht der Fall und eine Zeit lang hatte ich große Schuldgefühle, weil ich sie allein ließ. Doch eigentlich sieht sie mich hier sogar sehr häufig, denn sie kann zu Besuch kommen, wann immer sie möchte, und ich besuche sie auch oft. Ich weiß nicht, wie es in anderen Orden ist, aber in diesem hier ist die eigene Familie wie ein Teil des Ordens. Und ich bin immer noch ganz genau dieselbe, trotz meiner komischen Tracht, und im Urlaub müssen wir die Tracht auch gar nicht tragen. Wir sehen dann ganz normal aus!

Eine der Geschichten in dem Buch: „Von Gott berührt" – ich weiß nicht, aus welchem Jahr es stammt – erzählt von den ziemlich erbärmlichen hygienischen Verhältnissen in einem Kloster, in dem sich die Nonnen nur einmal pro Woche mit einer Schüssel und einem Krug mit kaltem Wasser waschen durften. Ich dachte: „Könnte ich mit so was zurechtkommen?"

Ich weiß noch, dass ich irgendwann alle Dinge auflistete, von denen ich glaubte, dass ich sie nicht ertragen könnte. Ich wusste, entweder durften solche Probleme nicht auftreten oder Gott musste auf wunderbare Weise eine Veränderung in mir bewirken, so dass ich doch damit leben konnte. Ich weiß noch, dass ich beschloss, auf keinen Fall in ein Kloster zu gehen, in dem es kein richtiges Bad gab! Ich stellte mir die Frage: „Wie viel bin ich bereit zu ertragen, und wie viel davon ist einfach nur altmodisch und antiquiert und lächerlich?"

Natürlich war es dann so, dass alle Orden Badezimmer haben und dass man sogar baden darf, wann immer man möchte!

Ich bin sicher, dass ich hierher berufen bin. Ich glaube, dass die Fähigkeit, seine Berufung zu erkennen, sehr viel damit zu tun hat, zuhören und zwischen den verschiedensten Stimmen unterscheiden zu lernen. Ich glaube, dass es für jeden Menschen die höchste Berufung ist, er selbst zu sein und zu werden. Es gibt verschiedene Wege, wie man das in die Tat umsetzen kann.

Man kann sich zum Beispiel aussuchen, ob man heiratet oder mit jemandem zusammenlebt oder ob man Single bleibt. Oder die Berufswahl ... all das sind entscheidende Weichen im Leben und meiner Meinung nach fährt man am besten, wenn man auf Gottes Wegweisungen hört.

Man kann Gottes Stimme auf die verschiedenste Art und Weise wahrnehmen, glaube ich. Es dauerte eine Weile, bis ich merkte, dass Gott ganz oft einfach durch den gesunden Menschenverstand spricht – das war eine Art Offenbarung für mich. Gott verlangt normalerweise keine Sachen, die absolut lächerlich oder unsinnig sind.

Ich hörte mal von einer Dame, die morgens aufstand und sehr genau auf Gott hörte. Wenn sie fühlte, dass Gott ihr sagte, sie solle den linken Strumpf anziehen, dann zog sie den linken Strumpf an, und wenn sie Gott nicht sagen hörte, sie solle auch den rechten Strumpf anziehen, dann lief sie den ganzen Tag nur mit einem Strumpf herum. So sollte das Hören auf Gott natürlich nicht aussehen! Bei allem, was man tut, gehört eine große Portion gesunder Menschenverstand dazu.

Und dann soll man darauf achten, wer man in seinem Innersten selber ist. Da ich mich vorher so zerrissen fühlte, bedeutete es für mich sehr viel, als die Dinge hier endlich ins Lot kamen. Ich schrieb einer Freundin, dass ich hier ich selbst sein könnte, und das auf eine ganz umfassende Weise. Und das ist, glaube ich, Gottes Berufung für jeden Menschen – sich selbst zu entdecken, zu sich zu kommen und immer tiefer in sein Wesen vorzudringen. Und bei mir ging das eben am besten, indem ich einem Orden beitrat.

Woher will ich aber wissen, dass das nicht etwas ist, was ich mir selbst ausgedacht habe? Na ja, wenn es richtig läuft, dann sollte ich merken, dass meine Fähigkeit, Gott und andere Menschen zu lieben, durch diesen Lebensstil wächst. Und das ist der Fall. Deshalb weiß ich, dass ich meine Berufung richtig verstanden habe.

Für jemand anderen kann seine Berufung aber wieder ganz anders aussehen. Es gibt immer mehrere Entscheidungen innerhalb von Entscheidungen. Wie bei einer dieser spiegelbesetzten Kugeln, die in einer Disco die verschiedenen Farben reflektiert, haben auch die Menschen die verschiedensten Facetten, mit denen sie Gottes Licht widerspiegeln können. Doch die meisten Leute wissen gar nicht, dass das ihre eigentliche Aufgabe ist: Auf ihre ganz spezielle Art und Weise Gott zu reflektieren. Sie fühlen sich von Regeln und Richtlinien abgeschreckt und meinen, das sei es, um was es beim Glauben an Gott geht: vieles nicht zu dürfen. Dabei glaube ich, dass Regeln auch etwas mit Freiheit zu tun haben und dass das Leben ohne Regeln nicht funktioniert. Um Fußball spielen zu können und ein richtig spannendes Spiel zu entwickeln, müssen die Spieler Markierungen auf dem Spielfeld haben, Regeln befolgen und so weiter. Wenn ich Torwart bin, kann ich keine Tore schießen.

Ich glaube, das ist eine Analogie, natürlich keine sehr gute, aber einigermaßen verständlich. Wenn man das tut, was man für seine Berufung hält, dann trifft man auch die Entscheidung, verschiedene Regeln zu befolgen. Wenn man herauszufinden versucht, welchen Weg man im Leben gehen soll, dann muss man erst einmal herausfinden, wer man überhaupt ist. Ein Punkt, der mir dabei geholfen hat, war, dass ich mich daran erinnert habe, wie ich in der Grundschule war. Das war eine Zeit, in der ich noch keine besonderen Pflichten hatte. Ich überlegte, welche Dinge mir damals Auftrieb und Motivation gaben und was mir am meisten Spaß gemacht hat. Was regte mich an und was hat mir meine Energie geraubt? In welchen Dingen war ich gut und in welchen nicht? Denn wenn man dann später Verantwortung trägt, dann verliert man die Kreativität und die innere Freiheit, die man als Kind hatte. Der Ernst des Lebens beginnt, so dass man Dinge wie Spielen als Erwachsener oft nicht mehr tut.

Jesus hat gesagt: „Ich bin gekommen, um den Willen dessen zu erfüllen, der mich gesandt hat." Und das versuchen wir doch alle irgendwie – Gottes Willen zu tun; auf jeden Fall tut das jeder, der im Vaterunser betet: „Dein Wille geschehe". Das Schwierige ist manchmal, zu verstehen, was einem die Umstände sagen wollen. Mir hilft es, wenn ich mich vor Gott hinstelle und höre, was er mir durch Gedanken, durch die Bibel, durch Gefühle mitteilt. Die Bibel sagt auch, dass Jesus durch Leiden gehorsam wurde. Ich glaube, man muss manchmal einfach etwas ertragen und abwarten, bis all die Puzzleteile an den richtigen Platz kommen und man erkennen kann, wie es weitergeht.

Es gibt kein Schwarz oder Weiß, wenn es darum geht, Gottes Willen für sich zu erkennen. Man muss sich nur alle möglichen Informationen beschaffen und sich vor Gott im Gebet öffnen. Wenn man das Leben Jesu anschaut, dann waren seine Umstände auch nicht immer ganz klar, und er musste seinen gesunden Menschenverstand gebrauchen und im Rahmen der Situation handeln, in der er sich gerade befand. Und eines Tages ließ er das Schreinern sein und war einfach nicht weiter Zimmermann.

Auch das Gebet selbst ist nicht schwarz oder weiß. Das Erste, was ich über das Gebet sagen möchte, ist, dass ich eigentlich gar nicht so deutlich weiß, wann ich bete oder wann nicht. Es gibt eine Menge Bücher über das Gebet, und darin liest man von den verschiedensten Systemen und Methoden des Betens, die Leute sich ausgedacht haben, und man liest das und denkt: „Oh, das alles habe ich bisher gar nicht getan, also habe ich auch nicht richtig gebetet."

Aber das ist nicht so. Gebet ist eine Beziehung. Manchmal spricht man in dieser Beziehung und manchmal schweigt man einfach nur in der Gegenwart des anderen. Manchmal redet man über oberflächliche, alltägliche Dinge und dann wieder spricht man von etwas, das wirklich ganz wichtig ist und große Auswirkungen hat. Jesus hat gesagt: „Lebt in mir, so wie ich in euch lebe." Gebet heißt, mit Gott zu sprechen, ihm zuzuhören und bei ihm zu sein. Dadurch werden wir dann auch einander näher gebracht. Es entsteht eine Offenheit in unseren Beziehungen, und die bietet einen Raum, in dem man nicht in Wettstreit miteinander tritt, sondern zugeben kann, dass man fehlerhaft und verletzlich ist.

Man ist nicht mehr so besitzergreifend. Gebet führt einen dazu, dass man alles im Leben als Geschenk Gottes sieht, so dass unsere Beziehung zu anderen Menschen auch ein Geschenk ist und nicht etwas, worauf wir ein Anrecht hätten. Eine Beziehung zu Gott beeinflusst ganz unmittelbar die Art und Weise, wie wir miteinander umgehen. Man kann Beten und Leben nicht voneinander trennen, weil das eine ein Teil vom anderen ist. Es ist nur so, dass wir eine bestimmte Form des Lebens und Umgangs mit Gott „Gebet" nennen. Wir legen Gott hin, wer wir sind, die ganze Summe unseres bisherigen Lebens und unsere Hoffnungen für die Zukunft, einfach alles. Indem wir uns Gottes verändernder Kraft öffnen, können wir uns verändern. Und dabei kann so einiges passieren! Gebet ist gefährlich in Bezug auf das, was Gott in uns auslösen kann.

Wenn man darüber nachdenkt, dann scheint es lächerlich, dass Gott von uns möchte, dass wir beten. Wenn Gott sowieso alles kann, warum hat er es dann nötig, die Menschen zum Beten aufzufordern? Aber er bittet uns darum, er bittet uns, mit ihm zusammenzuarbeiten, um die Welt zu verändern. Denn das ist auch ein Teil unserer persönlichen Berufung: Wir sollen mit Gott die Welt gestalten.

Der Unterschied zwischen dem Leben im Kloster und dem Leben draußen in der Welt besteht darin, dass man im Kloster einfach so geliebt und angenommen wird, wie man ist, und nicht wegen dem, was man besitzt, was man kann oder was man erreicht hat.

Das Leben im Orden hat zu einer Veränderung meiner Beziehung zu Gott geführt, nämlich vom Kopfwissen zum Herzwissen. Es hat mich gelehrt, dass Gott mich so annimmt, wie ich bin. Bevor ich ins Kloster ging, hätte ich Ihnen erklären können, was Christsein und was Glaube ist – aber ich hatte es noch nicht erfahren. Ich war mir meiner selbst nicht sicher und wollte Anerkennung gewinnen durch das, was ich tat, und nicht durch das, was ich bin.

Hierher zu kommen war wie ein Nach-Hause-Kommen – aber man kommt als Erwachsener heim, nicht mehr als Kind. Ich wünschte, ich könnte das besser erklären. Heimat ist für mich nicht nur ein Ort, wo ich mich körperlich befinde, sondern da, wo ich verwurzelt bin in tiefen Beziehungen und wo ich mich aufgehoben und richtig am Platz fühle – und selbst das ist noch nicht die tiefste Bedeutung des Wortes. Wenn Heimat da ist, wo die Menschen sind, die man liebt, dann wird die Heimat umso größer, je mehr Menschen man liebt.

Mein Gefühl, hier zu Hause und geliebt und geborgen zu sein, beeinflusst auch die Art und Weise, wie ich mit anderen Menschen umgehe. Wenn man Angst hat, auf Leute zuzugehen, so wie man ist, weil man vielleicht abgelehnt werden könnte, dann schließt man sich in sich selbst ab. Weil ich mich jetzt sicher und geliebt fühle, muss ich mich nicht mehr möglichst gut darstellen oder versuchen, Anerkennung zu gewinnen. Ich kann Fehler machen und mich entschuldigen und wieder neu anfangen. Von den Menschen hier im Orden angenommen und geliebt zu werden hat mir geholfen zu verstehen, dass ich von Gott noch viel tiefer angenommen und geliebt bin. Das Leben hier ist also kein Überlebenskampf, wie es mir früher „draußen" vorkam, sondern ein wunderbares Abenteuer.

Wie stehen Sie zu Armut, Keuschheit und Gehorsam?

ARMUT. Man ist leicht versucht, Armut lediglich auf der geistlichen Ebene zu betrachten, nämlich als Abhängigkeit von Gott. Es geht offensichtlich nicht um absolute Armut im Sinne von Entbehrungen, sondern darum, dass man nicht nach dem strebt, was die Welt einem zu bieten hat. Im normalen Leben muss man sich ständig fragen, ob man diese „Dinge" auch tatsächlich braucht oder ob man sie als ein reines Sicherheitspolster benutzt. Wir müssen uns hier diese Gedanken nicht machen, und deshalb ist Armut für uns keine Last oder Sorge, sondern eine Befreiung. So weit bin ich mit meinem Verständnis von Armut bis jetzt gekommen, aber jedes Mal, wenn ich die Gelübde durchlese, finde ich neue Gedanken darin.

Mit 27 hatte ich mir ein Häuschen mit Garten gekauft, weil Immobilien zu diesem Zeitpunkt gerade sehr günstig waren. Dieses Haus habe ich später verkauft und mir einen freistehenden kleinen Bungalow gekauft, den ich sehr liebte. Zwei Monate nach dem Kauf dieses zweiten Hauses merkte ich, das ich mich zum Klosterleben hingezogen fühlte. Das war anfangs sehr absurd für mich. Ich dachte, dass das sicher nicht für mich dran sein konnte, denn schließlich hatte ich ja gerade dieses Haus gekauft.

Doch als ich meiner Berufung dann sicher war, machte ich mich daran, alles zu verkaufen oder zu verschenken – das Haus, mein Auto, meine Sachen, sogar die Katzen. Dieses Vorhaben tatsächlich in die Tat umzusetzen und das ganze Zeug loszuwerden war viel schlimmer als der Gedanke daran, und es war eine Erleichterung, als endlich alles weg war. Ich hatte eigentlich nie viel für Krimskrams übrig, aber von einigen Sachen konnte ich mich doch nur schwer trennen. Bei mir war es so, dass ich nur nach und nach davon loskam. Ich vermisse das Haus, das muss ich zugeben. Während meiner ersten Woche hier kam ein Müllwagen vorbei, und ich wollte schnell rausrennen und die Mülltonne vor die Tür stellen. Und plötzlich wurde mir bewusst, dass ich keine eigene Mülltonne mehr hatte, ganz zu schweigen von einem eigenen Haus. Ich hätte das Haus auch vermieten können, solange ich noch keine Gelübde abgelegt habe, aber ich hatte mich entschlossen, es zu verkaufen und das Geld gut anzulegen.

Am meisten vermisse ich meinen CD-Player, weil ich klassische Musik liebe. Ich vermisse auch die Orgel, aber seit ich hier bin, singe ich im Kirchenchor mit, was mir sehr viel Spaß macht und meine musikalische Seite auf eine ganz neue Weise befriedigt. Es ist also beinahe so, als ob mir mit einer Hand Dinge genommen, aber mir mit der anderen neu geschenkt wurden. Und übrigens habe ich noch meinen Walkman und eine Reihe von CDs, so dass ich keine allzu schweren Entzugserscheinungen erleiden muss.

KEUSCHHEIT. Ich hatte früher einige Beziehungen zu Männern. Meinen ersten „richtigen" Freund hatte ich mit 17 Jahren. Diese Beziehung hielt ungefähr sechs Monate, und ich war völlig am Boden zerstört, als sie in die Brüche ging. Er meinte, dass ihm etwas in unserer Freundschaft fehlte, aber er konnte es nicht näher beschreiben.

Als ich aufs College kam, war ich darüber hinweg. Dann hatte ich eine weitere Beziehung auf dem College, aber die verlief im Sand, als es uns nach dem Abschluss in verschiedene Ecken verschlug. Diese Beziehung war nicht sehr tief; wir hatten eine schöne Zeit zusammen, aber das war für uns kein Grund, dass einer von uns seine Karriere an den Nagel gehängt hätte. Wir sind aber heute immer noch gute Freunde und stehen in Verbindung.

Dann gab es eine lange Zeit niemanden. Der nächste Mann, den ich traf und nach dem ich ganz verrückt war, war jemand, mit dem ich während meines ersten Jahres als Lehrerin zusammengearbeitet hatte und den ich schon damals toll gefunden hatte. Doch ich hatte gedacht, er wäre nicht an mir interessiert, obwohl er durchaus freundlich zu mir war.

Auf jeden Fall rief er mich eines Tages an und sagte: „Ich habe da einige Computerprogramme, die dir bestimmt gefallen würden."

Ich dachte: „Merkwürdig! Das ist ja mal eine interessante Art, mit einer Frau anzubändeln!"

Und richtig, schon beim nächsten Telefonat sagte er: „Hättest du nicht Lust, morgen Abend mit mir ins Kino zu gehen?", und ich sagte: „Ja, sehr gern!"

Wir verbrachten einen schönen Abend, und es war klar, dass er mich wieder bitten würde, mit ihm auszugehen. Das Problem war, dass ich damals schon in Betracht zog, ins Kloster zu gehen, und so suchte ich verzweifelt nach einer Gelegenheit, ihm zu sagen: „Ähm, es gibt da etwas, das ich dir sagen muss . . ."

Man kann einem Mann nicht mal eben beiläufig beibringen, dass man die Absicht hat, ins Kloster zu gehen. Aber er hörte sich alles an und bat mich trotzdem, mit ihm auszugehen, und wir verbrachten herrliche sechs Monate zusammen. Er hoffte natürlich, dass ich schließlich sagen würde, das Kloster wäre doch nichts für mich. Ich mochte ihn sehr gern, und wir verstanden uns wirklich prächtig. Doch obwohl ich ihn schon so lange gut fand und er sich wirklich vorbildlich verhielt, konnte ich mich nicht für ihn entscheiden. Dass er auf mich wartete und mich nach meinem Besuch hier abholte, war wirklich schön, aber für mich stand mein Weg fest.

Ich bin ziemlich sicher, dass wir geheiratet hätten, wenn ich mich nicht für das Ordensleben entschieden hätte. Es fiel mir sehr schwer, ihn zurückzulassen, und es war schlimm, ihn zu enttäuschen. Aber es war im Nachhinein sehr hilfreich für mich, dass unsere Beziehung nicht kaputt oder unschön war, weil ich so weiß, dass ich mit absolut offenen Augen gekommen bin, dass ich mich ganz bewusst und aus freien Stücken dazu entschieden habe und nicht aus einem Frust oder einer Notsituation heraus.

Was so wunderbar an diesem Leben hier ist, ist die befreiende Beziehung zu Männern. Es *passiert* nichts. Wenn man sich eingehender mit einem Mann unterhält, braucht man sich nicht gleich Gedanken zu machen, ob das nun auf eine Beziehung hinausläuft oder nicht. Man kann einfach als Person auf Leute zugehen und sie können auf dich als Person zugehen; es gibt nicht immer unterschwellige Absichten. Eine tiefe Beziehung zu einem Mann braucht so nicht unbedingt etwas anderes zu werden oder abrupt zu Ende gehen. Es gibt nicht diese ständige Zweideutigkeit; man ist einfach frei.

Nachdem ich kurze Zeit hier gelebt hatte, ging ich zu der Novizenschwester und sagte: „Ich glaube nicht, dass ich im Zölibat leben möchte."

Sie lächelte mich an und sagte: „Na ja, keine von uns *möchte* das."

Ich glaube, dass es so schwierig ist, weil man auch mal einsam sein kann. Es ist gut, offene, freie und eindeutige Beziehungen zu vielen Menschen zu haben, aber der natürliche menschliche Instinkt möchte dennoch eine intime Beziehung zu einem bestimmten Menschen aufbauen. Aber der Zölibat ist nun mal ein wichtiger Bestandteil dieses Lebens hier, und ich glaube, wir können ihn als Teil unserer Berufung verstehen.

Wir haben sehr enge Freundschaften hier im Orden. Ich weiß, dass man immer noch Gerüchte hört aus früheren Zeiten, als die Schwestern nicht miteinander über Persönliches sprechen oder sich gefühlsmäßig näher kommen durften. Ich weiß nicht, ob das je so war; auf jeden Fall ist es heute nicht mehr so. Im Vergleich zu vielen Menschen, die einsam sind, haben wir sicher viel mehr Gesellschaft. Und außerdem kann man auch in einer Ehe manchmal einsam sein.

Der Zölibat ist ein Bereich, mit dem ich noch nicht ganz fertig bin. Ich glaube, dass man im Lauf der Zeit den Sinn der Gelübde immer besser versteht, und der Zölibat ist eins, das ich erst in seiner Bedeutung zu erahnen beginne. Ich würde es auf keinen Fall von der Liste streichen, auch wenn ich könnte – ich halte es für sehr wichtig. Es ist eine Art, wie ich Gott zeige, dass ich mich ihm ganz gebe. Wäre ich an eine Person gebunden, könnte ich nicht mit derselben Freiheit auf Gottes Ruf reagieren.

Zur Sexualität gehört auch die Kreativität, die alttestamentliche Vorstellung, an der Weitergabe des Lebens teilzuhaben, der Lebenskraft. Auch wenn man keine sexuellen Beziehungen hat, kann man trotzdem im Ausdruck seiner selbst sehr kreativ sein, in seinen Beziehungen, in seiner Anbetung, in seinem ganzen Dasein. Etwas, was ich gern lernen würde, ist kreativer Ausdruckstanz.

Ich bin mit meiner Identität als Frau heute glücklicher, als ich es je „draußen" war, denn, wie gesagt, war da immer diese Unsicherheit darüber, wie die Dinge interpretiert werden und wie man zueinander steht. Wenn ich in Tracht bin, dann drücke ich damit ganz klar aus, dass Sex für mich keine Option mehr ist. Ich glaube nicht, dass wir hier unsere Sexualität leugnen oder unterdrücken; wir haben uns einfach dazu entschieden, sie nicht auf eine bestimmte Art und Weise auszuleben.

Man liest in manchen Büchern, dass der Zölibat ein Geschenk sei – das kann ich noch nicht so recht sehen. Es gibt Zeiten, da möchte man körperliche Nähe und Intimität haben. Das muss man sich dann eingestehen und zu Gott sagen: „So fühle ich mich im Moment, und ich bin darüber nicht sehr glücklich, aber ich glaube immer noch, dass es dein Wille ist, dass ich so lebe."

Es ist ganz wichtig, ehrlich und offen zu sein und Gott zu bitten, die Gefühle der Frustration und der Unzufriedenheit wegzunehmen und sie zu etwas Positivem zu machen. Denn nur dann kann Gott einem helfen. Ich sage: „Ich möchte mich aber nicht so fühlen. Bitte nimm diese Gefühle und tu etwas damit." Auf diese Art und Weise hat man seine Gefühle nicht ignoriert oder unterdrückt, sondern man hat sie akzeptiert und Gott überlassen.

„Opfer" ist heutzutage ein negativ besetztes Wort, aber ich glaube, der Zölibat ist wirklich eine Opfergabe im eigentlichen Sinne, ein Geschenk an Gott. Übrigens hält uns der Zölibat nicht davon ab, herzlich miteinander zu sein oder uns zu umarmen, wenn wir das möchten.

GEHORSAM. Ein Teil von mir sagt: „Das mache ich nicht. Ich werde niemandem gehorchen."

Die Grundbedeutung von „Gehorsam" ist ja „auf jemanden hören", und so versuche ich, auf Gott zu hören, auf das, was er von mir möchte. Manchmal hat man das Gefühl, etwas tun zu sollen, was man gar nicht gern tun möchte, aber man tut es trotzdem und hofft, dass man später versteht, warum. Das spiegelt unser Vertrauen zu Gott wider. In einigen Lebenssituationen kann man natürlich nicht abwarten, um zu sehen, welche positiven Folgen aus dieser Erfahrung entstehen werden. Aber wenn man warten kann, dann erkennt man oft, dass die Sache die ganze Zeit schon Sinn gemacht hat.

Im Orden wird man nicht um Dinge gebeten, die einem schwer fallen, weil man genau weiß, dass sie dem Betreffenden zuwider sind. Natürlich wird man zuweilen auch gebeten, etwas zu tun, was nicht so toll ist. Irgendjemand muss ja schließlich abspülen, das Gemüse schneiden und so weiter. Aber das sind einfach Notwendigkeiten, keine Zwänge oder so etwas. Man gibt sich hier große Mühe, die Menschen da hinzustellen, wo sie glücklich sind, und das Beste in ihnen hervorzulocken. Wenn jemand bestimmte Gaben hat, dann werden sie möglichst gut gefördert und eingesetzt. Letztendlich läuft es darauf hinaus, in der Erkenntnis seiner selbst und der Erkenntnis Gottes durch andere Menschen im Orden zu wachsen und das zu tun, wozu man begabt ist.

Als ehemalige Lehrerin weiß ich zum Beispiel, dass der Orden und ich einen Weg finden werden, meine Begabungen und erworbenen Fähigkeiten zu nutzen. Doch noch weiß ich nicht genau, wie das aussehen kann.

Ich erzähle jetzt mal ein Beispiel, wo mir Gehorsam schwer fiel und ich doch etwas daraus gelernt habe. Ein Teil des wöchentlichen Programms hier ist es, etwas Kreatives zu tun. Ich habe für praktische Dinge überhaupt keine Begabung; da bin ich meiner Meinung nach einfach ein hoffnungsloser Fall. Doch eines Tages sollte ich Bücher einbinden, und von Anfang an sträubte sich alles in mir dagegen. Ich wusste, ich würde das nicht gut machen, und ich hasste den Gedanken, eine Arbeit schlecht zu machen. Warum suchten sie nicht jemanden für diesen Job, der so etwas gut konnte?

Eine Schwester versuchte, vernünftig mit mir darüber zu reden, aber ich fauchte nur: „Ich sehe nicht ein, warum ausgerechnet ich das machen soll! Das ist doch reine Zeitverschwendung!"

Die andere Schwester, mit der ich zusammen die Bücher einbinden sollte, hatte schon angefangen. Wenn ich gesagt hätte: „Ich werde das nicht machen, fertig!", dann hätte ich sie mit der ganzen Arbeit hängen gelassen.

So kam mir zu Bewusstsein, dass das Leben sich nicht nur um mich dreht und darum, was ich möchte. Ich schluckte meinen Stolz herunter und fing einfach mal mit der Arbeit an, auch wenn es vielleicht nicht perfekt aussah.

Als ich die Arbeit dann endlich fertig hatte, habe ich ihren Nutzen erkannt. Im Noviziat denkt man so viel über sich, über die Gelübde und die Gebete und all das nach, worüber ich gerade gesprochen habe, dass der Geist müde wird und man auch mal etwas Praktisches tun muss, um ein bisschen abzuschalten. Deshalb wurde mir diese Aufgabe überhaupt erst übertragen! Aber ich habe wie ein kleines Kind dagegen rebelliert und hätte mich beinahe sogar geweigert. Erst viel später erkannte ich, dass es keine

Zeitverschwendung war, und beinahe wollte ich schon fragen, ob ich nicht noch mal Bücher einbinden kann, wenn ich in das Kloster nach Derby zurückgehe. Aber weiß nicht, ob ich das wirklich zugeben kann, nachdem ich mich erst so albern angestellt habe.

Mir gefällt es, mit einer Gruppe von Menschen zusammenzuleben, die versuchen, alles, was sie haben, Gott anzuvertrauen. Ich liebe die Ausgewogenheit meines Lebens hier. Es gibt ein Gleichgewicht zwischen Einsamkeit und dem Zusammensein mit anderen, zwischen Zeiten der Stille und Gesprächszeiten. Es gibt Phasen, da sind wir ganz unter uns, und andere, in denen viele Leute zu uns kommen. Es gibt Zeiten, in denen wir uns zurückziehen, und Zeiten, wo wir viel außerhalb des Klosters arbeiten.

Solange man im Kloster ist, ist auch das Wissen da, dass man so geliebt und angenommen ist, wie man ist. Selbst wenn man das Kloster verlässt und seinen Platz woanders findet, wird einen die Liebe der Leute hier im Kloster begleiten. Ich genieße die Freiheit, innerhalb der Regeln des Klosters Dinge auszuprobieren und dabei auch Fehler machen zu können, ohne dass ich dafür „bluten" muss. Ich fühle mich, als ob ich alles ohne Angst tun darf, weil ich nichts verliere, wenn ich es nicht schaffe. Alles, was geschieht, ist ein Geschenk, und Gott zeigt sich darin.

Wenn man im Kloster lebt, dann rücken die Dinge in die richtige Perspektive. Ich spüre, dass ich in Hoffnung leben kann, dass trotz der Dunkelheit in der Welt um uns herum immer wieder die Freude durchbricht.

Alle Schwestern versuchen, ihre Zeit und ihre Fähigkeiten und Gefühle, gute und schlechte, und alles, was ihnen passiert, Gott ganz zu überlassen. Es geht nicht darum, immer perfekter zu werden; es ist in Ordnung, immer noch unterwegs zu sein. Gott nimmt uns so, wie wir sind. Wir müssen nicht plötzlich Gebetshelden oder ganz toll in irgendetwas anderem werden, bevor Gott an uns wirken und uns gebrauchen kann. Unser Ziel ist es, Gott zu suchen, und ich kann das am umfassendsten im Kloster tun.

Manchmal sprechen uns Menschen an, die Hilfe brauchen. Jemand sagt zum Beispiel: „Schwester, mein Mann hat mich verlassen, und ich weiß nicht, was ich jetzt tun soll." Manchmal weiß man dann nicht, was man sagen soll, und das kann einen ganz verrückt machen. Es ist schwer, immer allen zur Verfügung zu stehen. Man kann nicht sagen: „Tut mir Leid, aber um fünf Uhr habe ich Schluss."

Als Lehrerin war ich tagsüber für die Kinder da, und ich dachte, dass ich wirklich sehr großzügig und einsatzbereit war, wenn ich die Pausen durcharbeitete. Aber das Leben hier ist nicht mit einem normalen Arbeitstag zu vergleichen. Der Tag beginnt um 6:30 morgens, und an einem guten Tag ist man um 21:30 Uhr in seinem Zimmer.

Andererseits ist das hier das perfekte Leben, wenn man ein Morgenmuffel ist. Ich finde es toll, dass ich vor zehn Uhr morgens mit niemandem sprechen muss. Das ist wirklich gut!

Schwester Julie ist wieder im Mutterhaus in Derby, wo sie die Küche leitet. „Wenn mir früher, als ich mir noch in meinem Einpersonenhaushalt mein Mikrowellenessen gemacht habe, jemand gesagt hätte, dass ich eines Tages den Speiseplan für 30 Leute aufstellen werde, hätte ich wahrscheinlich laut gelacht", sagt sie.

Julie ist jetzt auch verantwortlich für die Musik im Kloster und schreibt selbst Lieder für die 30 Ordensschwestern. „Es ist etwas Neues für mich und eine schöne Herausforderung, Musik zu schreiben. Ich habe Musikgeschichte studiert, und mir gefällt es, die traditionellen Formen beizubehalten und eine zeitgenössische Vitalität hineinzubringen."

Sie macht außerdem einen Bibelfernkurs und meint: „Ich bin mir zu 99 Prozent sicher, dass ich im Orden bleiben werde."

Schwester
Margaret Anne

Schwester Margaret Anne
Die Allerheiligenschwestern der Armen – Oxford, England

Kurz nachdem ich Novizin wurde,
trug ich ganz stolz meine neue Tracht
und meinen Schleier zur Schau.
Das erste Mal, als ich vor das Tor des Klosters trat,
kam ein Kind vorbei und rief: „Hey, guck mal,
die trägt aber ein komisches Ding auf dem Kopf.
Was ist denn das?"
Ich war ratlos. Wie fing man so etwas an?
Ich konnte ja schlecht sagen: „Also, sieh mal,
alles fing mit dem Apostel Paulus an . . ."

Ich fühlte mich schon beim ersten Telefongespräch mit Margaret sehr wohl. Sie meinte gleich, sie sei ja schon 41; ob sie da nicht zu alt sei, um in mein Buch aufgenommen zu werden? Ich erklärte ihr, dass ich selbst stark auf die 40 zuginge und schon aus diesem Grunde 40 für sehr jung hielt!

Was für ein mutiges Interview war das! Ich habe wirklich überlegt, ob ich es hier einbringen sollte oder nicht. Wenn ich diese Story brachte, würde das dann nicht das Vorurteil verstärken, dass nur Leute mit Problemen ins Kloster gehen? Es wäre leichter gewesen, eine einfachere Lebensgeschichte auszuwählen – eine Rechtsanwältin, eine Tänzerin. Aber wenn ich dieses Buch mit 10 Interviews von Leuten gefüllt hätte, die ich willkürlich auf der Straße angesprochen hatte, dann hätte zumindest einer ähnliche oder noch schlimmere Probleme gehabt.

Margaret war so mutig, ihre Geschichte hier zu erzählen, obwohl sie weiß, dass alles abgedruckt wird. So, wie die Medien nun mal sind, ist das von ihrer Seite her kein kleines Risiko. Wenn sie bereit ist, dieses Risiko auf sich zu nehmen, dann will ich es auch sein.

Margaret hat sich von den Schwierigkeiten ihrer Vergangenheit vollkommen erholt, und die Erfahrung, „durch die Hölle gegangen zu sein", hat ihr eine beeindruckende Sensibilität und tiefe Güte verliehen. Ich kann verstehen, warum alle Gäste des Klosters ihr Herz bei ihr ausschütten.

Margaret hat eine enorme innere Stärke und strahlt eine Wärme aus, die nur aus tiefer Liebe entspringen kann.

Einige Leute glauben, dass nur Menschen mit psychischen Problemen Nonnen werden. Es gibt sogar Leute, die denken, dass kein Orden sie aufnehmen würde, weil sie schon einmal psychische Probleme hatten. Beide Ansichten sind falsch. Das wäre ja auch seltsam, denn Statistiken besagen, dass jeder vierte Mensch in irgendeinem Stadium seines Lebens psychische Probleme hat. Mich haben sie jedenfalls genommen.

Ich glaube, dass psychische Krankheiten in unserer Gesellschaft lange ein Tabu waren und immer noch sind. Dieses Tabu ist immer noch nicht gebrochen, und daher haben die Leute Angst davor – einmal, weil sie nichts über das Thema wissen, und dann, weil sie meinen, „das könnte mir auch passieren". Natürlich könnte es im Prinzip jedem passieren. Niemand ist vor einer psychischen Erkrankung sicher. Wir wissen einfach nicht, was uns alles passieren könnte.

Dazu kommt, dass Geisteskrankheiten sich in so seltsamen Formen manifestieren. Man zieht sich völlig in sich selbst zurück und kann nicht mehr mit den Menschen in seiner Umgebung kommunizieren. Das ist die Form, die bei mir auftrat. Oder man wird aggressiv und verhält sich auffällig.

Natürlich flößt Aggressivität den Menschen Angst ein, aber sie haben auch vor der Introvertiertheit Angst und finden sie bedrohlich. Ein solcher Mensch lebt ganz in seiner eigenen Welt und ist losgelöst von der ihn umgebenden Wirklichkeit.

Die beste Analogie, die ich finden kann, um diesen Zustand zu beschreiben, ist folgende: Es ist wie ein Alptraum, nur dass man dabei wach ist. Es ist so, als ob das Vlies, das das Bewusstsein und das Unterbewusstsein voneinander trennt, plötzlich kaputt geht. Das Unterbewusstsein, das all die merkwürdigen archetypischen Bilder enthält, schwappt ins Bewusstsein hinüber wie in einem Traum, obwohl man hellwach ist, und das macht dem, der das erlebt, große Angst.

Bestimmt haben Sie das auch schon mal erlebt: Sie hatten einen schlechten Traum und wussten ein paar Sekunden lang nicht, ob das alles wirklich war oder nicht. Genau so ist meine Krankheit gewesen. Wie ein beängstigender Traum, aus dem man einfach nicht mehr erwacht und der dann zu immer größerer Verwirrung führt. Was geschieht, ist eine Verzerrung der Wahrnehmung der Realität, oder besser gesagt, eine Psychose, so wie ich sie erlebt habe. Ich glaube, im Wörterbuch steht unter dem Stichwort Psychose: „angstmachende geistige Verwirrtheit".

Man nimmt die Wirklichkeit in diesem Zustand anders wahr als mit dem normalen Bewusstsein. In der Form, in der ich die Krankheit erlebt habe, kam es mir so vor, als hätten sich alle gegen mich verschworen. Wenn man da drin steckt, dann ist es für einen genau wie die Wirklichkeit – und das ist das Problem: Man hat die Verbindung mit der so genannten objektiven Wirklichkeit verloren. Man lebt in seiner eigenen Wirklichkeit, die niemand anderes nachvollziehen kann. Und so bricht die Kommunikation zusammen – es ist ein doppelter Zusammenbruch, denn man kann selbst nicht beschreiben, was man fühlt, und die anderen Leute können nicht verstehen, was in einem vorgeht.

Wenn eine Psychotherapie oder irgendeine andere Heilmethode diesen Zustand durchbricht, dann kann man langsam wieder ausdrücken, was mit einem geschieht, und alles rückt wieder in die richtige Perspektive. Dann kann man sogar so weit kommen, dass man erkennt, dass man krank ist und irgendwann wieder gesund werden kann – wie das bei mir der Fall ist. Mir geht es jetzt seit ungefähr 10 Jahren wieder gut.

Leider ist die Krankheit für manche Leute wie ein Teufelskreis – sie werden nie frei davon. Manche glauben, dass eine Psychose nur eine körperliche Unausgewogenheit chemischer Stoffe oder Reaktionen ist und dass man dieser Krankheit mit Medikamenten beikommen kann. Nun, das kann ich nicht so sehen. Ich glaube, dass chemische Ungleichgewichte eine Rolle spielen können, aber da sind auch noch andere Faktoren mit im Spiel. Wenn man als Kind eine Tragödie erlebt, so wie ich, dann ist das ganz offensichtlich solch eine Sollbruchstelle.

Meine Eltern kommen aus Irland, und der Name meiner Mutter ist O'Neill. Das ist ein Königsname und meine Mutter sagte immer, dass sie von den Hochkönigen Irlands abstammt. Mein Vater war Pfarrer, ein Protestant, aber nicht von der Sorte, die die Katholiken hassen. Meine Mutter wurde in einer katholischen Umgebung groß. Nachdem mein älterer Bruder Hugh geboren war, zogen meine Eltern nach Südengland, wo mein zweiter Bruder Neil geboren wurde. Ich kam fünf Jahre später auf die Welt. Als einziges Mädchen und Nesthäkchen wurde ich sehr verwöhnt.

Die Tragödie passierte, als ich 8 Jahre alt war. Mein Vater beging Selbstmord. In den 60er-Jahren war Selbstmord ein absolutes Tabuthema, besonders, da mein Vater ja Geistlicher gewesen war. Ich glaube, die Dinge haben sich mittlerweile zum Besseren geändert, aber damals war ein Selbstmord etwas ganz Schreckliches. Es stand in allen Dokumenten, und die Situation war, wie Sie sich vorstellen können, für meine Mutter sehr schwierig.

Die Kirche bot an, meine Ausbildung zu finanzieren, und so ging ich auf ein Mädcheninternat. Es war eine Privatschule, und ich bekam eine sehr gute Ausbildung, die mir auch viel Spaß machte. Aber es war hart für meine Mutter. Meine Brüder wohnten nicht mehr zu Hause und nun war ich mit 10 Jahren auch schon aus dem Haus. Meine Mutter hatte bereits meinen Vater verloren, und es gab lange Zeitabschnitte, in denen keines von uns Kindern zu Hause war. Sie ging arbeiten und hatte immer viel zu tun. Aber trotzdem war sie oft einsam. In der Domgemeinde unserer Stadt gab es einen großartigen Pfarrer, der von ihrem Unglück gehört hatte und sie regelmäßig besuchte – er bot ihr Unterstützung an und sie konnte ihm ihr Herz ausschütten.

Ich liebte das Internat. Die Lehrer waren engagiert und herzlich, und wir spielten ihnen die üblichen Streiche. Ich weiß noch, dass wir uns einmal heimlich im Wald betranken. Ich hatte es geschafft, das am unschuldigsten aussehende Mädchen dazu zu bringen, den Alkohol zu besorgen, so dass wir nicht erwischt wurden.

Ich war ziemlich beliebt an der Schule. Ich wurde zur Klassensprecherin gewählt und leitete auch eine Weile den Chor. Meine Noten waren gut, so dass ich später englische Literatur studieren konnte.

Das Jahr nach dem Abitur war für mich sehr wichtig. Ich ging nach Südafrika, wo ich in einem Heim für geistig behinderte Kinder arbeitete. Das war eine großartige Erfahrung, bei der ich viel lernte. Ich war 19, und es war das erste Mal, dass ich so richtig weg von zu Hause war. Ich hätte in viele andere Länder gehen können, aber ich habe mir Südafrika ausgesucht, weil ich mit eigenen Augen sehen wollte, wie schlimm die Apartheid war.

Bei der Arbeit mit den geistig behinderten Kindern bestand das Personal aus weißen Afrikaanern, aber es wurden auch Schwarze eingestellt. Ich fand es schlimm, dass ich beim Mittagessen nicht bei den Schwarzen sitzen durfte. Ich lernte einen schwarzafrikanischen Vikar, David Nkwe, kennen, der mich in seine Gemeinde in Soweto einlud. Er stellte mich der Gemeinde vor, und ich war die einzige Weiße in der ganzen Gemeinde. Das war 1975. Ich brauchte so eine Art Lizenz, um ihn besuchen zu dürfen.

Nach der Zeit in Südafrika ging ich zur Uni, und das machte mir großen Spaß. Ich sog alles auf wie ein Schwamm. Es war toll; ich konnte den ganzen Tag Romane und Gedichte lesen und mich eingehend mit ihnen beschäftigen.

Natürlich habe ich mich auch irgendwann gegen Gott und die Kirche aufgelehnt und an allem gezweifelt. Ich fuhr in den Ferien nach Hause, aber meine Mutter schleppte mich nicht mit in die Kirche oder so. Sie ließ mich in Ruhe. So lebte ich im ersten Jahr an der Uni ohne irgendeinen Kontakt zu einer Gemeinde. Ich musste einfach mit dem Glauben brechen, den ich von meinen Eltern übernommen hatte, und meinen eigenen Weg finden. Aber ich war nie so richtig ausgeflippt und die Rebellionsphase ging nicht sehr tief. Ich beschäftigte mich einfach nicht mehr mit Gott und dem Glauben.

Stattdessen lernte ich rudern. Ich trank auch eine Menge mit meinen Freunden, erst das leichte Lagerbier, dann stärkeres Bier. Eines Nachts veranstalteten wir einen Wettbewerb, um zu sehen, wer am meisten Gin trinken konnte. Ich gewann.

In einen der Dozenten war ich wahnsinnig verliebt. Er war natürlich verheiratet, und so machte ich all das Elend einer unglücklichen Liebe durch. Es ist überhaupt nichts zwischen uns passiert – ich kann Ihnen also keine pikante Story liefern. Es hat mir nur eine Menge Kummer gebracht.

Ich verlegte mich dann auf transzendentale Meditation, so ungefähr sechs Monate lang. Meine Freunde berichteten, ihnen geschähen während der Meditation ganz wundervolle Sachen, aber ich habe nie etwas Tolles erlebt. Die Meditation war aber sehr entspannend. Ich hatte auch Interesse an fernöstlichen Religionen. Ich suchte nach etwas, aber am Ende merkte ich, dass diese ganze Richtung nichts für mich war, und so hörte ich damit auf. Ich hatte nach alledem doch das Gefühl, dass es einen Gott gab und dass er eher in der christlichen Richtung zu finden war.

Nach dem Studium meldete ich mich zu einer ehrenamtlichen Tätigkeit im Mittleren Osten. Ich ging mit 12 anderen Studenten in den Gaza-Streifen, und wir lebten und arbeiteten mit Palästinensern. Wir statteten Spielzentren für Vorschulkinder aus. Es war besetztes Gebiet; die Israelis standen mit ihren Maschinengewehren parat, und es war wirklich eine ernüchternde Erfahrung, die Palästinenser als unterdrücktes Volk ohne Land und ohne Rechte zu erleben. Wie bei den Iren auch befolgen die meisten die Gesetze und wollen einfach nur Frieden. Die Aufständischen sind nur eine Minderheit.

Dort traf ich auch bei einer Party einen Moslem, der mitten im Feiern plötzlich meinte: „Entschuldigen Sie, ich muss jetzt beten." Das machte einen ungeheuren Eindruck auf mich; er zog keine Show ab oder so. Es war ihm ein inneres Anliegen. Er ging einfach still weg und betete. Mir wäre es nie in den Sinn gekommen, während einer Party aufzustehen und zum Beten zu gehen. Seine Hingabe beeindruckte mich schwer.

Als ich zurückkam, unterrichtete ich zwei Jahre lang Englisch in der Mittelstufe. Ich liebte die Arbeit, aber diese Teenager waren einfach zu viel für mich. Nach zwei Jahren war ich völlig geschafft. Dann übernahm ich einen Volkshochschulkurs für Englisch als Fremdsprache.

In einem Urlaub fuhr ich nach Lee Abbey, einem Ferien- und Freizeitzentrum in Devon, das von Christen geleitet wird. Dort lernte ich eine Nonne kennen; ich hatte vorher noch nie eine Nonne getroffen. Sie gehörte zum Orden des Heiligen Namens, wo Sie ja auch schon mit Julie gesprochen haben. Wir führten mehrere tiefe Gespräche über Gott und den Glauben an ihn, und am letzten Tag wollte ich gar nicht mehr abreisen. Als ich ins Taxi stieg, spürte ich ganz tief in mir, wie Gott bei mir anklopfte. Ich hatte so etwas noch nie zuvor erlebt. Ich wusste am Ende der Fahrt, dass ich ganz neu mit Gott anfangen würde. Und dann wollte ich zum Vikar meines Wohnortes gehen und ihm erklären, dass ich irgendeine Vollzeitarbeit in der Gemeinde übernehmen wollte. Ich hatte keine Ahnung, was, aber ich wollte auf jeden Fall nicht mehr Lehrerin sein. Das war mir klar.

Ich kannte zu dieser Zeit nicht einmal die Bedeutung des Wortes „Berufung". Aber mein Vikar wusste gleich Bescheid. Er konnte sehen, dass etwas mit mir geschehen war. Weil ich evangelisch war, ging es nie darum, ob ich Nonne werden sollte. Es gab andere Empfehlungen für mich; zum Beispiel die, Diakonin zu werden.

Ich arbeitete zunächst mal ein Jahr lang in verschiedenen Bereichen der Gemeinde mit. Während dieser Zeit wurde ich zur Ausbildung als Diakonin vorgeschlagen. Diese sollte über drei Jahre laufen, aber am Ende des ersten Jahres hatte ich ein Erlebnis, das sozusagen der Anfang meines Zusammenbruchs war. Irgendwie hatte ich das Gefühl, von Gott und der Welt verlassen zu sein und niemandem irgendetwas zu bedeuten. Ich war mit meiner ganzen Situation unglücklich, also hörte ich mit der Ausbildung auf.

Ich schaffte es, danach ein Jahr lang für einen Großkonzern in York zu arbeiten. Aber dann war ich eine Zeit lang arbeitslos, was für mich sehr schwer war, und das brachte dann letztendlich den totalen Zusammenbruch.

Von dem Augenblick an, in dem ich die Klinik betrat, wusste die Psychiaterin, die mich betreute, ganz genau, dass ein enger Zusammenhang bestand zwischen meinem Gefühl der Verlassenheit und dem Tod meines Vaters. Das war offensichtlich ein entscheidender Faktor. Man musste nicht Freud gelesen haben, um das zu merken. Na ja, ich habe Ihnen ja schon erzählt, wie man sich fühlt, wenn man eine Psychose hat. Es war wie die Hölle. Aber ich hatte Glück; ich hatte eine sehr gute Therapeutin.

In wenigen Monaten war ich wieder raus aus der Klinik, zwar immer noch sehr labil, aber während dieser Genesungszeit befasste ich mich wieder mit meiner Berufung. Obwohl ich einen Zusammenbruch erlitten hatte, glaubte ich immer noch, dass Gott mich zu einer Vollzeitarbeit im kirchlichen Bereich berufen hatte.

Eines Tages las ich im Buch Jesaja, und plötzlich sah ich mich selbst – ich meine nicht als Bild; es war nichts Sichtbares – als Nonne in einer Tracht! Das hat mich völlig überrascht. Ich hatte nie auch nur in Erwägung gezogen, Nonne zu werden, obwohl ich ja die Nonne in Lee Abbey kennen gelernt hatte. Und jetzt plötzlich machte es „klick" in meinem Kopf, und ich dachte: „Genau. Das ist es."

Mein Vikar, mit dem ich vor Jahren über einen vollzeitlichen Dienst gesprochen hatte, hatte als Protestant nie daran gedacht, mir vorzuschlagen, dass ich Nonne werden könnte. Ich dachte mir, dass ich wohl etwas unternehmen müsste, wenn ich diese „Eingebung" ernst nehmen wollte. Ich schaute mir einige Klöster an und suchte mir Bücher zum Thema. Es gab zwar nicht viel Literatur über Ordenshäuser, aber ich stieß auf ein Adressverzeichnis und sprach mit dem Vikar von York, und er erwähnte das Kloster Allerheiligen.

Also beschloss ich, nach Oxford zu fahren. Ich schaute mir das Kloster in Wantage an und dieses hier. Zuvor hatte ich mir ein Franziskanerkloster angeschaut, wo Sie Schwester Rose interviewt haben. Das hier war also das dritte Ordenshaus, das ich besuchte. In diesem hier fühlte ich mich sofort zu Hause.

Eine der älteren Schwestern – sie ist inzwischen im Pflegeheim – war sehr nett zu mir. Sie war zwar nicht die Gästeschwester, aber sie sprach ausführlich mit mir. Sie hörte mir zu, und ich erzählte ihr von meiner unsicheren Berufung. Sie strahlte eine ganz besondere Art der Freundlichkeit aus. Ich fühlte mich auch von Anfang an so wohl in der Kapelle, vor allem beim Brevierbeten und beim Singen der Psalmen. Irgendwie wusste ich, dass ich hierher kommen wollte.

Ich ging also zur Klosterleitung und meinte nur: „Ich würde gerne Ihrem Orden beitreten." Ich hatte Angst, dass sie mich ablehnen würden, sobald sie meine Geschichte kannten und von meiner Krankheit gehört hatten. Aber sie verhielten sich sehr weise. Sie hörten sich alles an und sagten weder „Ja" noch „Nein", sondern: „Warte. Wir möchten erst noch deine Berufung als Nonne prüfen. Es sollte noch ein bisschen mehr Zeit vergehen zwischen deinem Zusammenbruch und dem Eintritt in den Orden."

Sie schlugen vor, dass ich nach Holy Island („Die heilige Insel") fuhr, wo es einen Orden von Laienschwestern gab. Dieses Kloster liegt auf einer Insel an der Küste von Northumberland.

Ich fuhr also zur Insel und führte Gespräche, und man bot mir einen Platz an. Und so kam die Sache ins Rollen. Auf der Insel gibt es ein Freizeitheim, wo ich fast zwei Jahre lang arbeitete. Das war eine unglaublich gute Vorbereitung auf das Klosterleben, weil man dort auch in einer Gemeinschaft lebt. Wir waren ein Team von 8 Schwestern und nahmen die Mahlzeiten gemeinsam ein, lebten und arbeiteten zusammen und beteten auch zusammen. In der örtlichen Kirche gab es dreimal am Tag einen Gottesdienst: ein Morgen- und Abendgebet und einen Abendmahlsgottesdienst.

Während der Zeit auf der Insel lernte ich viel über die Heiligen, über Kirchengeschichte und das reiche keltische Christentum. Die ganze katholische Vorstellung von den Heiligen ist sehr interessant und auch wichtig für mich geworden. Ich denke, es gibt eine Verbindung zwischen uns und unseren Vorfahren.

Der Orden hier hatte mir noch keinen Termin zum Eintritt in den Orden gegeben. Ich drehte also ungeduldig Däumchen. Ich besuchte den Orden zweimal im Jahr, damit sie merkten, dass ich es mit meinem Eintritt immer noch ernst meinte. Um die Zeit herumzukriegen, fuhr ich nach Iona, auf diese berühmte Insel in Schottland, wo die ersten Mönche aus Irland ein Kloster errichtet haben. Während ich auf Iona arbeitete, stimmte das Kloster Allerheiligen endlich meinem Beitritt zu. Das war vier Jahre nach meinem Zusammenbruch.

Der Orden wurde 1851 gegründet. Im 19. Jahrhundert gab es eine Erweckung des geistlichen Lebens sowohl in der katholischen als auch in der anglikanischen Kirche. Unser Kloster war eines der ersten, das nach einer Zeitspanne von etwa 300 Jahren aufgrund dieser Erweckungsbewegung gegründet wurde.

Unsere Gründerin war eine wohlhabende Dame aus London. Sie entschloss sich, mit ein paar anderen Frauen zusammen zu beten und den Armen in den Slums der Umgebung zu helfen. Das war in diesen Tagen, in denen es für Frauen eigentlich nur die Möglichkeit gab, entweder zu heiraten oder Gouvernante zu werden, eine echte Pionierarbeit. Sie und ihre Gefährtinnen gingen zu den Hotels und den Häusern der Reichen – dorthin, wo sie vorher selbst gespeist hatten – und bettelten um die Reste für die Armen. Sie wurden von der „besseren Gesellschaft" sicher ganz schön schief angesehen.

In unserem Haus in London sind wir immer noch in der Armenhilfe engagiert. Wir nennen uns „Schwestern der Armen", und „arm" ist ein sehr weitgefasster Begriff. Damit sind nicht nur die Obdachlosen und Leute ohne Geld gemeint, wie die Gäste im „The Porch" beispielsweise. Das ist ein Café für Obdachlose, das zweimal am Tag geöffnet ist, morgens und abends, und zwar sechs Tage in der Woche. „The Porch" entstand, weil so viele Leute bei uns anklopften und fragten, ob sie nicht eine Tasse Tee und etwas zu essen bekommen könnten. Es gab eine ältere Schwester, die sie immer versorgte, und das Ganze wuchs ihr bald über den Kopf. Wir wussten, dass unsere Arbeit irgendwie offizieller werden musste. So eröffneten wir in einem alten Apfelschuppen neben unserem Kloster ein Café, in dem kostenlos Tee, Kaffee und Sandwiches angeboten werden. Wir haben heute fest angestelltes Personal und freiwillige Helfer.

Dann ist da noch das „Helen House", von dem Sie vielleicht schon gehört haben. Ein krankes oder sogar todkrankes Kind zu haben ist eine weitere Form von Armut. 1982 wurde das Helen House als erstes Kinderhospiz der Welt gegründet. Schwester Frances Dominica lernte eine Familie kennen, deren Tochter einen Gehirntumor hatte, der zwar erfolgreich operiert werden konnte, aber zur Folge hatte, dass die Tochter vollkommen auf fremde Hilfe angewiesen war. Frances erbot sich, die Eltern zu entlasten, indem sie sich von Zeit zu Zeit um dieses Kind namens Helen kümmerte. Sie dachte, dass es sicher noch sehr viele Eltern gab, die in derselben Situation waren, denn obwohl es zu dieser

Zeit bereits Hospize für Erwachsene gab, waren für Kinder noch keine vorgesehen. So wurde das Helen House unserem Gelände gegenüber gegründet. Dort können wir bis zu 8 Kinder aufnehmen, und die Familienangehörigen können auch dort wohnen. Das Haus wird von fest angestelltem Fachpersonal geleitet, und Frances ist die Leiterin. Sie ist immer noch ziemlich engagiert in dieser Arbeit.

Auf unserem Gelände befindet sich außerdem ein Wohnheim für ältere Leute. Einige von unseren Nonnen werden dort nun auch betreut, unter ihnen unsere älteste Schwester, Pauline, die gestern ihren 101. Geburtstag feiern durfte.

Natürlich haben wir auch noch verschiedene kirchliche Einrichtungen hier sowie auf dem Gelände. Wie Sie sehen, sind wir ein sehr aktiver Orden. Interessanterweise ziehen die geschlossenen Orden, in denen die Schwestern kaum das Kloster verlassen und keine „Dienstleistungen" erbringen wie wir, im Zuge des neu erwachenden Interesses am Ordensleben mehr Novizinnen an als die aktiven. Warum das so ist, weiß ich nicht. Die Schwestern der Liebe Gottes, wo Sie Judith interviewt haben, ist solch ein geschlossener Orden, und dort gibt es momentan 7 neue Novizinnen. Wirklich interessant, nicht wahr? Das Leben dort ist so außergewöhnlich, dass man denken könnte, das stoße die Menschen ab, doch gerade das Gegenteil ist der Fall. Aber zu mir passt ein aktives Leben besser, bei dem ich Menschen ganz praktisch helfen kann, und hier fühle ich mich wohl.

Seit ich hier im Kloster bin, bin ich Gott sehr viel näher gekommen. Das rührt zum Teil sicher daher, dass ich jetzt viel mehr Zeit mit ihm verbringe als vorher. Das Leben hier gibt mir den Raum, um eine enge Beziehung zu Gott zu entwickeln. Jeden Morgen lese ich vor dem Gebet in der Bibel und denke über das Gelesene nach. Ich suche mir einen Gedanken aus dem Bibelabschnitt oder einen Vers heraus, über den ich dann nachdenke. Manchmal hilft mir dieser Vers in einer bestimmten Situation oder bei einem

Problem, mit dem ich zu kämpfen habe, oder er schenkt mir einfach Trost.

Aber nicht nur, wenn ich bete, bin ich mir der Gegenwart Gottes bewusst. Ich erkenne Gott in allen möglichen Dingen – in den Menschen um mich herum, in der Freundschaft, die sie mir schenken. Wir haben einmal im Jahr sechs Tage lang Exerzitien. Das ist eine Zeit, in der wir schweigen und einfach mit Gott allein sein wollen. Ich muss dazu sagen, dass es geleitete Einkehrtage sind, das heißt, jeden Morgen gibt es eine etwa 40 Minuten lange Andacht und Informationen für den Tag. Aber ansonsten schweigt man die ganze Zeit, so 6 bis 8 Tage lang. Wenn man so etwas jährlich macht, dann werden diese Tage zu etwas ganz Besonderem, fast wie Feiertage. Man kann das Jahr Revue passieren lassen und gründlich über sich selbst und Gott nachdenken. Es wird einem unweigerlich manches klar – man sieht zum Beispiel eine Beziehung in einem ganz neuen Licht oder man entdeckt, dass man jemandem grollt oder dass man irgendwo innerlich blockiert ist. Gott drängt einen oft sanft in eine ganz bestimmte Richtung, und das kann man nur deutlich wahrnehmen, wenn man sich Zeit nimmt.

Ich arbeite einmal in der Woche in „The Porch". Dort können wir bis zu 16 Obdachlose aufnehmen, und natürlich haben diese Leute eine Menge Probleme – mit Drogen, mit Alkohol, oder sie sind geistig verwirrt. Den Menschen, die hierher kommen, bedeutet dieser Ort sehr viel, denn hier können sie sich aufwärmen und ausruhen und werden nicht wie auf der Straße herumgestoßen. Gott ist auch dort zu finden, in diesen Menschen. Es macht demütig, wenn man mit Menschen zusammen ist, die kein Dach über dem Kopf haben, während wir uns „Schwestern der Armen" nennen, aber von allem genug haben und in einem schönen viktorianischen Haus leben. Damit umzugehen ist nicht immer leicht.

Ich begegne Gott auch in der Musik. Ein wirklich gutes klassisches Konzert kann eine große Hilfe für das Gebet sein. Ich liebe Bach – er ist mein Lieblingskomponist, aber ich mag auch Mahler und Mozart sehr gern. Ich liebe den langsamen Rhythmus von

Mahlers Fünfter Symphonie. Mir gefällt das Pathos und die Leidenschaft darin. Es ist wahre Kunst, genauso wie Tschaikowskys Pathétique und Bachs Brandenburgische Konzerte.

Uns selbst kennen und verstehen zu lernen ist eines der wichtigen Dinge im Leben. Darum ist auch die landläufige Meinung, wenn man Nonne oder Mönch wird, fliehe man vor der Realität, so eine traurige Fehleinschätzung. Denn man kann hier gerade nicht vor etwas davonlaufen. Das, was die Gesellschaft einem bietet, sind gerade die Mittel, mit denen man sich von sich selbst ablenken kann, nämlich Drogen, Alkohol, Sex, Macht, Geld und so weiter. Im Kloster wird man mit sich selbst konfrontiert und mit gewissen Aspekten seiner Persönlichkeit, mit denen man sich vorher noch nicht beschäftigt hat. Das liegt zum Teil einfach in der Tatsache begründet, dass man ständig mit denselben Menschen zusammenlebt. Diese Leute lernen einen sehr genau kennen, und umgekehrt, und alle negativen Eigenschaften kommen ans Licht. Es gibt Reibereien. Man muss sich mit diesen Beziehungen beschäftigen. Man kann nicht einfach sagen: „Also dann, auf Wiedersehen, ich gehe jetzt nach Hause." Man muss da bleiben und Wege finden, miteinander klarzukommen.

Man kann Gott nicht finden, wenn man sich von anderen Menschen völlig abschließt. Gott findet man unter anderen Menschen und in den Beziehungen, die man zu ihnen hat. Das gilt für jeden, ganz egal, mit wem man zusammenlebt.

Wie stehen Sie zu Armut, Keuschheit und Gehorsam?

ARMUT. Wir legen drei Gelübde ab, und das erste bezieht sich auf die Armut. Aber wo ist denn die Armut in unserem Leben, wo wir doch immer unsere Mahlzeiten bekommen und ein Dach über dem Kopf haben? Ich glaube, es geht hier um eine bestimmte Form von Armut im Sinne von Nicht-Besitz: Wir streben nach einem Leben in Einfachheit. Wir haben keinen Luxus, aber wir sollen auch nicht ärmlich herumlaufen. Wir haben ein monatliches Budget für Zahnpasta, Seife und andere notwendige Dinge.

Für Kleidung stehen jeder von uns im Jahr 150 Pfund (ungefähr 500 DM) zur Verfügung. Aber wir haben kein Bankkonto oder so, und daran kann ich mich nur schwer gewöhnen.

Für mich ist der frustrierendste Aspekt dieses Nichts-Besitzens nicht der Geldmangel, sondern der Zeitmangel. Denn auch unsere Zeit gehört uns ja nicht selbst. Wenn man jemanden besuchen möchte, kann man nicht einfach alles stehen und liegen lassen und weggehen. Wir haben einen halben Tag in der Woche frei, und den Zeitpunkt können wir uns aussuchen. Natürlich haben Leute im Berufsalltag auch sehr wenig Zeit. Die wenigsten Leute können das tun, was sie möchten und wann sie es möchten. Aber wenn ich abends eine Freundin besuchen möchte, dann kann ich das meist nicht tun. Manchmal kommt vielleicht eine Freundin hierher und besucht mich an meinem freien Nachmittag, und wir gehen gemeinsam essen oder eventuell in ein Konzert. Für solche Dinge hätte ich gern mehr Zeit. Aber ich glaube, jeder Berufstätige, den Sie fragen, würde dasselbe sagen.

Wir tun in Bezug auf unsere Armut nicht so, als wären wir in der gleichen Situation wie die Obdachlosen, mit denen wir arbeiten, denn das wäre herablassend. Wir versuchen, uns mit den Armen dieser Welt gleichzustellen, indem wir alles mit ihnen teilen. Teilen ist eigentlich der Kern des Armutsgelübdes. Wir alle teilen unseren Besitz miteinander. Man kann nicht mehr wie draußen sagen: „Das da gehört aber mir!"

Am schwersten fiel es mir, nicht mehr am Meer zu leben. Ich hatte ja eine Weile auf Inseln gelebt, bevor ich hierher kam. Und ich vermisse es, mein eigenes Geld zu haben. Bevor ich in den Orden eintrat, habe ich ziemlich viel Geld ausgegeben, denn ich wusste, das ist meine letzte Gelegenheit. Wenn mir eine Bluse oder ein Rock gefiel, kaufte ich das Teil. Aber ich habe mich inzwischen schon ganz gut daran gewöhnt, nicht mehr alles haben zu wollen, was ich schön finde. Es macht nicht satt.

Wir sagen einfach „nein" zu gewissen Dingen. Wir können nicht einfach das tun, was wir möchten und wann wir möchten. Es gibt einen bestimmten Rhythmus und eine Routine, die uns Grenzen setzt. Aber auf allen Gebieten des Lebens gibt es Dinge, die man nicht tun kann und darf, obwohl man das gern möchte. Wenn man nicht viel Geld hat, kann man eben keinen tollen Urlaub machen. Wenn man keine schönen Beine hat, sollte man keine Miniröcke tragen. Und wenn man einen gut bezahlten Job hat, kann man nicht Teilzeit arbeiten. Uns allen sind Grenzen gesetzt. Der Unterschied ist nur, dass wir uns dieses Leben hier *ausgesucht* haben, und wir können Dinge erleben, die wir uns nicht hätten träumen lassen.

KEUSCHHEIT. Im Ordensleben herrscht nun einmal der Zölibat. Man hat keine sexuellen Beziehungen; das gibt man auf. Viele glauben, dass es ganz schrecklich ist, keinen Sex zu haben, aber für mich ist das Schwerste am Keuschheitsgelübde nicht so sehr, keine sexuellen Beziehungen zu haben, sondern mehr die emotionale Seite. Ich hätte gern einen Partner, mit dem ich meine innersten Gefühle und Gedanken austauschen und teilen kann. Doch genau darum geht es ja bei diesem Gelübde: Man schenkt Gott sein ganzes Wesen und verzichtet auf diese enge Bindung mit einem Partner, weil man seine ganze Aufmerksamkeit Gott und anderen Menschen geben will.

Es passiert sehr leicht, dass man sich emotional so sehr auf einen anderen Menschen einlässt und darüber Gott in die zweite Reihe stellt. Es ist natürlich nicht falsch, sich auf jemanden einzulassen, aber es ist einfach eine Frage, inwieweit ich dann an diese Person gebunden bin. Es ist zum Beispiel ja völlig in Ordnung, jemanden gern zu haben, der verheiratet ist, aber es gibt eine Grenze, wo zu viel Bindung, egal ob körperlich oder emotional, einfach nicht angemessen ist – so ist es auch bei uns. Unser Hauptaugenmerk ist auf Gott gerichtet, was aber nicht bedeutet, dass wir nicht auch Menschen lieben können. Aber man kann sich gefühlsmäßig zu stark binden und dann wird es extrem frustrierend, wenn diese Gefühle keinen körperlichen Ausdruck finden dürfen.

Wenn man seine ganze Liebe und seine ganze Hingabe nicht auf ein anderes menschliches Wesen bezieht, sondern Gott an diese Stelle setzt, dann gibt einem das die Freiheit (das ist der Idealzustand), jedem mit Liebe zu begegnen. Denn von Gott erhält man ja im Austausch viel mehr Liebe, als sie einem ein Partner geben kann, der schließlich auch nur ein Mensch ist. Wenn man diese felsenfeste Beziehung zu Gott hat, ist man sozusagen ständig an die Stromquelle angeschlossen. In einer Ehe oder Familie ist es viel schwerer, diesen ständigen Kontakt zu halten, weil zu viele Ablenkungen und Notwendigkeiten anstehen.

Man hat als Nonne Zeit für andere. Als Gästeschwester fällt mir das immer wieder auf. Oft wollen die Gäste einfach nur, dass ich ihnen zuhöre. Sie wollen mir ihr Herz ausschütten, und ich empfinde es als großes Vorrecht, Gästeschwester sein zu dürfen.

Wie gesagt – die innere Freiheit, seine Liebe gleichmäßig auf alle Menschen zu verteilen, ist der Idealzustand. Wir sind aber alle nur Menschen. Nonnen und Mönche haben dieselben Gefühle wie jeder andere auch.

Darum ist das Gebet auch so wichtig. Wenn man nämlich leugnet, was da abläuft, wenn man in jemanden verliebt ist und sich seine Gefühle nicht eingesteht, kann einem das sehr schaden. Wenn man es ehrlich im Gebet vor Gott bringt und zulässt, dass Gott daran arbeitet, dann dauert es vielleicht seine Zeit, aber trotz des Schmerzes kann man daran wachsen. Das ist keine Flucht vor unseren Gefühlen oder unserer Sexualität. Genauso würde ich auch damit umgehen, wenn ich ganz normal in der Welt leben würde und ständig an eine bestimmte Person denken müsste, mit der ich aber aus irgendwelchen Gründen keine Beziehung eingehen kann. Auch dann könnte ich nur mit meinem Leben weitermachen, wenn ich die Sache an Gott abgebe und ihn wirken lasse.

Was unsere Sexualität angeht: Sie ist natürlich da, so wie auch alle anderen Gefühle genauso stark in uns sind wie in jedem anderen. Sie ist immer noch ein Teil von mir, und ich bin mir dessen bewusst. Man muss nur lernen, sie in andere Kanäle zu leiten. Anstatt eine sexuelle Beziehung zu einer einzigen Person zu haben, in die wir unsere ganze sexuelle Energie stecken, lassen wir diese Energie der Allgemeinheit zukommen. Das geschieht natürlich nicht in Form von Geschlechtsverkehr, aber man kann Menschen auch lieben, indem man ihnen beispielsweise Zeit und Aufmerksamkeit schenkt. Wir versagen uns zwar die körperliche Verbindung, aber das ist keine Leugnung der Energie, die dahintersteckt.

Ich hatte noch nie Sex. Ich hatte zwar früher ein paar Freunde, aber es war nichts Ernstes. Man könnte also sagen, ich weiß nicht, was ich versäume. Vielleicht ist es leichter, ein Keuschheitsgelübde abzulegen, wenn man noch keinen Sex gehabt hat – ich bin mir nicht sicher. Einige meiner Mitschwestern waren glücklich verheiratet und sind dann Witwe geworden. Ist der Zölibat leichter für sie? Ich weiß es nicht. Viele Leute außerhalb des Klosters leben auch im Zölibat – entweder aus freien Stücken oder aus anderen Gründen. Ist es leichter für sie? Jeder Mensch ist anders. Für mich ist es am schwersten, mich gefühlsmäßig nicht an einen Menschen zu binden. Danach sehnt sich doch jeder, oder nicht?

GEHORSAM. Gehorsam gilt eigentlich als das schwerste der drei Gelübde und für mich ist es auch das schwierigste. Es ist natürlich nicht wie früher, wo man blind gehorchen musste. Die Mutter sagte: „Tu das oder jenes!", und ich gehorchte. Hier nimmt Gehorsam eher die Form einer beratenden Beziehung an. Entscheidungen werden mit Blick auf die Gemeinschaft getroffen, das heißt, der Orden tritt zusammen und trifft eine Entscheidung. Aber es gibt natürlich trotzdem Dinge, die einem gesagt oder zumindest deutlich *nahe gelegt* werden. Und das ist für mich manchmal ein Kampf.

Es gibt gewisse Erwartungen an mich, wie zum Beispiel, dass ich regelmäßig die Orgel spiele oder Ähnliches – und ich tu es einfach nicht. Ich bin bekannt dafür, dass ich gelegentlich den ersten Gottesdienst am Tag ausfallen lasse – der beginnt nämlich um 6:30 Uhr. Schon immer fiel es mir schwer, morgens früh aufzustehen. An manchen Tagen verschlafe ich einfach und verpasse den Gottesdienst ganz, oder ich komme zu spät. Ich war auch heute Morgen wieder viel zu spät. Manchmal wird einfach mit einem Lächeln darüber hinweggesehen, und manchmal muss ich mich rechtfertigen, vor allem, wenn ich überhaupt nicht erschienen bin. Ich habe jetzt zwei Wecker.

Ich war mir immer sicher, dass Gott mich nicht in einen geschlossenen Orden beruft, weil man da einen Gottesdienst mitten in der Nacht feiert und ich wusste, dass Gott nichts Unmögliches von mir verlangt.

Eine positive Seite des Gehorsams ist es, jemanden zu haben, der einem ab und zu Entscheidungen abnimmt, vor allem wichtige Entscheidungen. Aber es hilft auch in den alltäglichen Dingen. Selbsttäuschung oder Überheblichkeit schleichen sich sehr leicht ein. Man meint: „Das ist es, was Gott von mir möchte." Aber wenn man diesen Eindruck nicht mit jemandem bespricht, könnte man ganz falsch liegen. Ich glaube, es ist ganz sinnvoll, wenn eine oder mehrere Personen eine gewisse Autorität haben und man seine Vorstellungen mit ihnen besprechen kann. Man kann dann gemeinsam beraten, was am besten zu tun ist. Obwohl heutzutage eine hierarchische Struktur kein sehr beliebtes Konzept ist, kann das ganz sinnvoll sein. Die Oberin lässt sich auch von anderen auf diese Weise durchleuchten. Es ist nicht so, dass eine einzige Person von oben herab diktiert, was gemacht wird.

Wir haben alle auch einen geistlichen Mentor. Das ist jemand, der einen sehr gut kennt und fördert, vor allem in geistlicher Hinsicht. Man kann ihm sagen, was in einem vorgeht, und ihn um Rat fragen. Einfach schon dadurch, dass man die Sache durchspricht, sieht man oft schon klarer.

Wenn ich etwas ganz Bestimmtes tun möchte, dann spreche ich Mutter Helen an und frage sie. Sie sagt dann entweder sofort „ja" oder sie möchte es erst mit einigen anderen Schwestern besprechen, vor allem, wenn es Geld kostet. Bisher wurde mir noch keine Bitte abgeschlagen.

Was die Dinge betrifft, die ich tun soll, aber nicht tun möchte . . . Mutter Helen versucht mich schon längere Zeit dazu zu bringen, dass ich lerne, mit dem Computer umzugehen. Aber ich mache dabei keine besonders großen Fortschritte. Ich glaube, ich bin dafür einfach nicht begabt. Oder vielleicht habe ich das auch nur selbst beschlossen, weil ich keine Lust dazu habe, mich mit dem Ding auseinander zu setzen!

Wenn man zum Ordensleben berufen ist, dann hat das auch eine prophetische Dimension. Damit meine ich, dass man die Zeichen der Zeit erkennen und über notwendige Schritte reden soll, wenn es angebracht ist. Es ist gut, wenn wir Petitionen verfassen oder auf andere Weise für Gerechtigkeit eintreten.

Unser Dankgebet vor dem Mittagessen lautete heute: „Gib den Hungrigen zu essen, und denen, die genug zu essen haben, schenke Hunger nach Gerechtigkeit." Das gehört zu Mutter Helens Lieblingsgebeten. Und genau hier beginnt für uns das Reich Gottes; indem wir uns um Gerechtigkeit für die Unterdrückten bemühen und den Hungrigen Brot geben. Wir müssen das Gleichgewicht in unserer Gesellschaft wiederherstellen und Dinge verändern.

Historisch gesehen waren Nonnen und Mönche immer an vorderster Front im Kampf um Gerechtigkeit. Die Arbeit unseres Ordens mit den Obdachlosen ist nur ein winziger Beitrag. Wenn ich an einer Demonstration teilnehmen wollte, würden mich meine Mitschwestern sicher unterstützen. Wir haben eine Schwester, die sehr an Fragen der Gerechtigkeit und des Friedens interessiert ist. Im Juli hat die Konferenz der Kirche von England jeden Orden eingeladen, bis zu drei Leute zu schicken, um über die Weltschuldenlast zu debattieren. Viele Orden unterstützen *Jubilee 2000*, eine Kampagne, bei der es darum geht, den armen Ländern dieser Erde die nicht rückzahlbare Schuldenlast zu erlassen.

Einmal sollte ich einen Gottesdienst gestalten. Es war Pfingsten, der Tag, an dem wir das Geschenk des Heiligen Geistes feiern. Die Kirche war voll von Kindern, weil wir die Generalprobe für ein Theaterstück machen wollten. Plötzlich kam ein Mann von der Straße herein, ging direkt auf den Altar zu und sagte mit lauter Stimme: „Ich bin Jesus Christus." Danach ging er einfach wieder still hinaus, und wir machten mit dem Stück weiter.

Diese Sache hat mich wirklich bewegt. Ich habe mich in dieser Situation völlig hilflos gefühlt. Ich hatte keine Angst – ich fühlte mich einfach nur hilflos und konnte nichts tun. Da probten wir unsere kleine Aufführung, und wir konnten diesem Mann nicht helfen. Wo ist er jetzt? Wer hilft ihm? Und es gibt so viele Menschen wie ihn.

Momentan besteht unsere Arbeit im Kloster zum großen Teil daraus, uns um Leute zu kümmern, die zu uns kommen. Alle möglichen Leute klopfen bei uns an. Wenn wir mehr junge Novizinnen hätten, könnten wir eher darüber nachdenken, welche anderen Arbeiten wir noch anfangen könnten. Ich würde gern mehr tun.

Was mir am Klosterleben nicht gefällt? Nun, das Schlimmste, und ich will mich da keineswegs ausschließen, ist die Tatsache, dass Menschen sich unglaublich stark von Kleinigkeiten gefangen nehmen lassen. Unbedeutende Dinge können plötzlich ganz wichtig werden, zum Beispiel die Frage: „Wer hat die Milch da hingestellt?", oder: „Wo ist denn das Brot hin?", oder: „Das kannst du nicht essen!"

Komischerweise geht es oft ums Essen. Diese kleinen Ausbrüche passieren – und die machen mich verrückt. Und manchmal haben wir unheimlich lange Sitzungen. Ab und zu geraten sie einfach außer Kontrolle oder werden ganz kompliziert und verwickelt. Dann würde ich am liebsten aufspringen und ein bisschen frische Luft schnappen. Diese Dinge fallen mir wirklich schwer.

Wir streiten uns auch um das Thema der Tracht. Sollen wir aufhören, in Tracht zu gehen? Als ich ins Kloster kam, trugen alle Schwestern noch Tracht mit Schleier. Dann wollte man probieren, die Tracht zu verändern. Ich musste den Schleier ablegen und diese neumodische Tracht anziehen, die ganz aus einem Stück besteht. Ich habe mich daran gewöhnt, keinen Schleier zu tragen. Es bietet natürlich auch eine gewisse Freiheit.

Im Augenblick haben wir bestimmte Zeiten, wo wir die Tracht tragen müssen, zum Beispiel am Sonntag, an großen Festtagen und bei offiziellen Anlässen. Aber an normalen Tagen muss sie nicht getragen werden. Sie werden bemerkt haben, dass einige Schwestern heute in Zivil waren. Ich trage die Tracht öfter als die meisten anderen, denn für mich ist sie stark mit meiner Berufung verbunden.

Manchmal fühlen sich die Leute gewissermaßen betrogen, wenn man als Nonne keine Tracht trägt. Sie lernen einen kennen und vertrauen einem Dinge an, und dann finden sie irgendwann heraus, dass man Nonne ist: „Ach, du liebe Zeit, das hätte ich wohl besser nicht sagen sollen!", heißt es dann. Mit Tracht ist man eindeutiger identifizierbar, und das kann eine Hilfe und auch ein Schutz sein.

So bin ich nun hier, in meiner neuen Tracht, und ich möchte bleiben und meine lebenslangen Gelübde ablegen, wenn man mich haben will. Manchmal kommt mir die Vorstellung, dass ich Nonne bin, immer noch ein bisschen merkwürdig vor, obwohl ich ja eindeutig eine bin.

Meine Angehörigen waren anfangs ganz schockiert. Meine Mutter hätte es natürlich gern gesehen, wenn ich geheiratet und Kinder gehabt hätte, aber jetzt hat sie sich an den Gedanken gewöhnt. Wenn ich ihr jetzt sagen würde, dass ich meine lebenslangen Gelübde nicht ablegen werde, wäre sie sehr bestürzt. Sie hat meine Mitschwestern kennen gelernt, sie mag sie und sieht, dass ich hier glücklich bin.

Warten wir also ab, ob mich die anderen Schwestern hier für den Rest meines Lebens aufnehmen!

Zur Zeit der Drucklegung dieses Buches befindet sich Margaret Anne im Urlaub auf ihrer geliebten Insel Iona. Der Orden hat sie angenommen, und sie möchte noch in diesem Jahr ihre lebenslangen Gelübde ablegen. „Ich bin sicher, dass ich hierher gehöre", sagt sie mit einem breiten Grinsen.

Schwester
Joan

—◄o►—

Schwester Joan
Gemeinschaft des Heiligen Kreuzes – Gwent, Wales

*Ich war das erste Mal in meinem Leben
in der Kirche, und deshalb war ich sehr erstaunt,
dass die Leute nach dem Gottesdienst
über Gesellschaftsereignisse und die Neuigkeiten
am Ort redeten. Das hatte ich mir anders vorgestellt.
Ich wollte tief gehende Gespräche darüber führen,
wie Gott in unserem Leben erfahrbar wird.*

Ich fuhr mit öffentlichen Verkehrsmitteln zum Orden des Heiligen Kreuzes, ein Unterfangen, das ich niemandem empfehlen würde, denn das Kloster liegt, gelinde ausgedrückt, sehr weit draußen. Idyllisch in einer hügeligen Landschaft gelegen, hat man beim ersten Anblick des Klosters sofort den Wunsch, dort bleiben zu dürfen. Die Nonnen bauen fast alles selbst an, was sie für den Lebensunterhalt benötigen. Das Mittagessen, das man mir servierte (alles war selbst gemacht, sogar das Brot), wird mir immer als unglaublich gut in Erinnerung bleiben.

Die Oberin des Ordens (die sich selbst nur als „Schwester" bezeichnet) hat ein so gewinnendes Lächeln, dass man sofort den Eindruck hat, man tauche in ein Meer von Freundlichkeit ein.

Schwester Joan ist 41 Jahre alt und eine der beiden Novizinnen unter insgesamt 15 Schwestern in diesem winzigen geschlossenen Orden. Da wir uns bei geöffnetem Fenster unterhielten, höre ich neben der sanften Stimme von Schwester Joan auch das Zwitschern der Vögel auf meinem Band. Sie klang, als sei sie ganz überrascht, dass ihre Entscheidung, den Rest ihres Lebens in einem abgelegenen Kloster zu verbringen, irgendjemanden interessieren könnte.

Dieser Orden unterscheidet sich von anderen darin, dass wir unser Tagesprogramm um die Gottesdienste herum selbst festlegen. Es gibt keine festen Zeiten für die Bibellese oder die Arbeit. Ich stehe jeden Morgen um 5:30 Uhr auf und beginne den Tag mit einer Stunde stillen Gebets. Wenn man das über einen längeren Zeitraum macht, dann gewöhnt sich der Körper daran und man wird ganz von selbst wach.

Nach dem ersten Gottesdienst, der um 7 Uhr anfängt, gibt es Frühstück. Dann erledige ich meistens ein paar Dinge oder gehe in den Garten, um Gemüse für das Mittagessen zu holen. Wir bauen fast all unser Obst und unser Gemüse selbst an; das ist herrlich. Der nächste Gottesdienst ist um 8:45 Uhr. Dann haben wir eine Besprechung, und danach sollen wir studieren. Ich sage „sollen", denn obwohl mir das Bibelstudium Spaß macht, erledige ich letztendlich in der Zeit doch eher Hausarbeiten; aber ich versuche, disziplinierter zu werden.

Der Abendmahlsgottesdienst ist um 12:00 Uhr, und nach dem Mittagessen können wir uns eine halbe Stunde auf unseren Zimmern ausruhen. Manchmal schlafe ich oder döse. Bis 15 Uhr lese ich dann irgendein geistliches Buch. Dann geht es wieder in die Kapelle zum Abendgebet, danach gibt es Abendessen und Hausarbeit bis 19:00 Uhr, und dann wieder eine halbe Stunde Pause. Um 19:30 Uhr folgt ein einstündiges Schweigegebet in der Kapelle vor dem Abendgottesdienst um 20:30 Uhr. Nach dem Abendgebet so etwa gegen 21 Uhr gehe ich auf mein Zimmer, und das Licht mache ich meistens gegen halb zehn aus.

Ich bin das älteste Kind in unserer Familie gewesen. Ich habe einen Bruder, der fast fünf Jahre jünger ist als ich. Meine Eltern sind nie zur Kirche gegangen, und meine einzige Erfahrung mit Kirche während meiner Kindheit war der Schulgottesdienst einmal pro Woche, der Pflicht war. Als Familie gingen wir jedoch nie hin, nicht mal an Weihnachten. Ich besuchte die Gesamtschule am Ort, nachdem ich es nicht aufs Gymnasium geschafft hatte.

Ich hasste die Schule, obwohl mein Vater immer behauptete: „Die Schulzeit ist die schönste Zeit im Leben." Ich dachte bloß: „O weh, wenn *das* wirklich die schönste Zeit meines Lebens ist ..."

Ich glaube, ich war nicht besonders glücklich in der Schule, weil ich nur eine durchschnittliche Schülerin und in Mathe ein hoffnungsloser Fall war. Ich war ein bisschen eine Außenseiterin und fühlte mich immer am wohlsten, wenn ich allein war. Schon von klein an ging ich nicht gern auf Partys, und über meine Schwierigkeiten in der Schule wollte ich mit keinem sprechen, weder mit meiner Familie noch mit meinen Freunden. Mit 16, 17 Jahren war ich immer noch sehr unreif und unheimlich schüchtern. Ich war viel zu scheu, um mir einen Freund zu angeln, und wenn es jemand bei mir versuchte, dann gab er meistens schnell auf, weil ich mich so sehr in mich zurückzog. Zuerst fiel ich bei der mittleren Reife durch, aber im zweiten Anlauf klappte es und ich konnte schließlich eine Sekretärinnenausbildung machen. Das Arbeitsamt schickte mich in den öffentlichen Dienst, und ich bekam eine Stelle in der Personalabteilung.

Ich glaube, in dieser ganzen Zeit suchte ich nach etwas. Ich hatte immer neue Einfälle und Marotten. Ich begeisterte mich für eine Sache, beispielsweise für Archäologie, und dann erschien ich auf einer Ausgrabungsstätte und half mit einem Teelöffel und einer Zahnbürste freiwillig mit beim Graben. Dann ging dieser Tick wieder vorbei. Ich liebte eine Zeit lang Gartenarbeit und stellte unseren Garten zu Hause auf den Kopf. Ich wollte alle möglichen wunderbaren Pflanzen setzen, und das tat ich dann auch – genau eine Saison lang. Das war's. So ging es auch mit dem Nähen und Wandern, und einmal versuchte ich sogar, Gälisch zu lernen. Ich wollte zu den entlegenen Inseln Schottlands fahren und mit den Einheimischen fließend Gälisch sprechen! Was das für eine verrückte Idee war, kann man nur verstehen, wenn man weiß, dass Gälisch ungefähr so schwierig zu lernen ist wie Chinesisch!

In der Zwischenzeit legte ich noch weitere Prüfungen im öffentlichen Dienst ab, um befördert zu werden. Das ging einige Jahre so und irgendwann wurde ich Supervisor in der Finanzabteilung, was mir trotz meiner mangelnden Mathematikkenntnisse großen Spaß machte. Ich arbeitete später auch im Jugendausbildungsprogramm, was mir auch gut gefiel.

Ich hatte mir ein eigenes Haus gekauft und ließ es mir eigentlich gut gehen. Doch immer deutlicher merkte ich, dass ich mich zu Gott hingezogen fühlte – ich weiß nicht, wie ich dieses Gefühl näher beschreiben soll. Das war merkwürdig, denn ich war ja nie im Leben in der Kirche gewesen und hatte auch keine Familienangehörigen oder Freunde, die in die Kirche gingen. Ein- oder zweimal schaute ich in einen Gottesdienst herein und ging heimlich wieder.

Ich erinnere mich an einen Fernsehbericht über ein Kloster. Die Aussagen einiger dieser Mönche, die Gott so aufrichtig suchten, bewegten mich tief. Ich wusste, dass etwas tief in meinem innersten Wesen angesprochen worden war – als ob ich erkennen würde, worum es im Leben wirklich geht, nämlich darum, Gott zu suchen. Das ist der Sinn des Lebens. Und ich sah diese Mönche im Fernsehen und dachte, dass das genau der Lebensstil war, der mir zusagen würde. Ich war damals 27 Jahre alt und gehörte immer noch keiner Kirche an. Zunächst blieb es bei dieser vagen Sehnsucht nach einem anderen Leben.

Als ich 29 war, sah ich ein Poster mit einer Werbung für eine Evangelisation mit Billy Graham, die „Mission England" hieß. Die Veranstaltungen fanden in einem Fußballstadion statt, und ich wollte unbedingt hingehen, aber mit den „komischen" Christen wollte ich nichts zu tun haben; sie waren mir viel zu merkwürdig. Trotzdem ging ich hin, einfach um endlich einen öffentlichen Schritt auf Gott zu zu tun. Was Billy Graham sagte, wäre mir ganz egal gewesen, weil ich schon vorher beschlossen hatte, nach vorne zu gehen. Ich weiß noch, wie ich inständig betete, dass das nicht wieder nur eine vorübergehende Marotte von mir sein würde.

Ich begann dann, regelmäßig in die Kirche zu gehen. Es gab die verschiedensten Arten von Gottesdiensten, so dass für jeden etwas dabei war; vom Gottesdienst mit dem Gebetbuch von 1662 bis hin zum sehr modernen Lobpreis mit Gitarren und viel Lärm. Ich sang im Kirchenchor mit und war am Gemeindeleben beteiligt. Aber ich hatte ein tiefes geistliches Bedürfnis, das auch die Kirche nicht stillen konnte.

Zwischen 29 und 34 ging es mit diesem „geistlichen Hunger" auf und ab, und ich dachte: *Jetzt muss ich endlich etwas tun. Alles oder nichts – ich muss einen radikaleren Lebensstil führen.* Wahrscheinlich würde dieser Spleen schon wieder verschwinden, so wie alle anderen vorher auch. Aber über die Zeit hinweg spürte ich, dass der Wunsch, Gott mit meinem ganzen Herzen zu folgen, immer stärker wurde, und im Hinterkopf hatte ich immer noch die Dokumentation über die Mönche. Ich war noch nie in einem Kloster gewesen, aber ich war an einem Punkt angelangt, an dem ich mit meinem Leben immer unzufriedener wurde.

Ich ging in die Stadtbibliothek und informierte mich über anglikanische Klöster. Dabei fühlte ich mich immer mehr zu kontemplativen Orden hingezogen. Von einer Liste mit ungefähr 20

Orden besuchte ich schließlich den Orden von St. Clare in Freeland, Oxford. Ich hatte unglaubliche Angst vor diesen „Heiligen"
dort, und der Gedanke, mich ihnen anzuschließen, kam mir völlig absurd vor. Sie schienen eine ganz andere Wellenlänge zu
haben als ich. Sie kamen mir vor wie ganz besonders geistliche
Leute, die ganz nah bei Gott waren. Ich konnte ja wohl kaum
erwarten, auch mal so zu werden wie sie. Das alles war mir sehr
fern und fremd. Also verbrachte ich vier einsame Tag in Freeland,
fuhr wieder nach Hause und unternahm danach zwei Jahre lang
nichts mehr in dieser Richtung.

Doch schließlich wurde der Wunsch in mir so stark, dass ich
wieder herkam und um Aufnahme bat.

Meine Mutter geht inzwischen auch zur Kirche. Ich glaube nicht,
dass mein Vater wirklich versteht, warum ich im Kloster bin. Er
hat sich Sorgen gemacht, als ich meine gute Stellung und meinen
Bungalow aufgab. Meine Freunde und Arbeitskollegen haben
mich sehr lieb unterstützt. Mein Chef hat meine Stelle 10 Monate lang für mich freigehalten, und als ich mich immer noch nicht
entschlossen hatte, verlängerte er die Frist um weitere vier Monate. Als ich dann endlich doch kündigte, erhielt ich einen wunderbaren Brief, in dem stand, dass mein Job auch später noch für
mich frei wäre, falls ich das Gefühl hätte, doch die falsche Entscheidung getroffen zu haben.

Ich glaube, dass ich berufen wurde und es auch immer noch
bin. In jedem Menschen gibt es eine ganz tiefe innere Sehnsucht.
Diese Sehnsucht richtet sich auf Gott. Gott, der uns geschaffen
hat, liebt uns so sehr, dass er uns ruft und zu sich zieht, aber das
geschieht in unserem tiefsten Inneren. Dieser Ur-„Instinkt" sucht
nach Erfüllung, er möchte Ganzheit, er strebt nach Gott. Weil
Gott diese Sehnsucht in uns hineingelegt hat, finden wir nur
dadurch, dass wir Gott begegnen, wahre Freude, wahres Leben
und echte Erfüllung. Ich glaube, dass all das materielle Denken
der Gesellschaft im Grunde nur versucht, diese Sehnsucht zu

stillen – aber Dinge können das nicht leisten. Sie betören uns vielleicht eine kurze Zeit, aber in Wahrheit können wir nur echte Befriedigung erleben, wenn wir zulassen, dass Gott in unser Leben kommt.

Selbst in der frühen Phase, in der ich mich befinde, fühle ich mich, als ob ich schon einen kleinen Vorgeschmack von all dem bekommen habe und dass ich am Anfang von etwas ganz Neuem bin. Es ist eine echte Freude, ein echtes Glücklichsein, und das fühle ich nur, weil Gott mich zu sich zieht. Ich glaube, seine Stimme wird mich bis ans Ende meines Lebens begleiten. Das hört sich vielleicht sehr abgehoben an, aber für mich ist es sehr einfach und greifbar; es fällt mir nur schwer zu beschreiben.

Manchmal spüre ich eine innere Klarheit, wenn ich die Liebe Gottes zu mir erkenne, seine Zärtlichkeit und Sanftheit, seine Sorge um mich. Ich weiß dann einfach, dass er da ist, und ich liebe ihn so echt und wirklich wie einen Menschen. Es ist etwas ganz Besonderes, die Schönheit Gottes zu erkennen . . . manchmal ist das Gefühl in meiner Seele so stark, dass ich meine, das Herz müsste mir aus der Brust springen. Ich würde am liebsten mein Herz nehmen und es Gott schenken.

Wenn ich vor Schwierigkeiten stehe, dann gehe ich zu Gott und fühle mich oft im Gebet von einem völligen Frieden eingehüllt und erleichtert, weil ich die Sache nicht allein tragen muss. Aber das geschieht nicht immer, und meistens habe ich, ehrlich gesagt, gar keine besonderen Gefühle beim Beten. Manchmal verbringe ich eine Stunde in stillem Gebet und habe den Eindruck, dass in dieser Stunde gar nichts passiert ist. Manchmal schwirren mir alle möglichen Gedanken im Kopf herum, und ich finde es schwer, mich zu konzentrieren. Dann ist es natürlich schwieriger, Gott zu erleben.

In letzter Zeit kann ich zu Gott mit größerer Zuversicht sagen: „Ich vertraue dir mein Leben an." Ich spüre, dass ich das wirklich kann, weil ich ihn immer besser kennen lerne. Selbst wenn ich keine solchen Augenblicke intensivster Nähe zu Gott habe, fühle ich eine wachsende Nähe zu ihm, auch wenn das Gefühl noch sehr schwach ist. Das klingt sicher alles ein bisschen verschwommen, oder?

Manchmal erkenne ich in einem Bibelabschnitt etwas auf eine ganz neue Weise. Im letzten Jahr zum Beispiel war es für mich spannend zu verstehen, wie die Beziehung Jesu zu Gott aussah. Es kam mir fast so vor, als wäre ich dabei, als Jesus zum Beispiel im Garten Gethsemane war oder als er verurteilt wurde. Ich konnte die Beziehung zwischen Sohn und Vater erkennen, das völlige Vertrauen ... dieses hundertprozentige Vertrauen und die Liebe, die so groß war, dass Jesus sich ganz in Gottes Hände fallen ließ. Ich weiß, dass ich auch gern solch eine Beziehung zu Gott hätte.

Als ich hierher kam, dachte ich, dass ich diejenige sei, die sich Gott näherte. So, wie ich es jetzt verstehe, ist es eher so, dass ich gar nicht selbst zu Gott kommen kann; ich lasse mich nur von ihm zu sich ziehen. Ich muss ihm nicht nachlaufen und mich nicht darum bemühen, dass er mich annimmt; er ist derjenige, der sich *mir* nähert.

Jetzt denken Sie vielleicht: „Das ist ja alles schön und gut, aber auf meine Gebete antwortet Gott nicht." Meine eigene Erfahrung ist, dass Gott uns so sehr liebt, dass er sich uns ganz geben möchte. Vielleicht hat es etwas mit der Art zu tun, wie wir beten. Weiß ich denn wirklich, was Gebet ist? Für mich heißt beten, vor Gott offen zu sein, so dass er zu mir kommen kann. Oder vielleicht ist es eher eine beidseitige Angelegenheit? Ich komme vor Gott im Gebet, ich suche Gott und versuche offen zu sein und ihn zu empfangen.

Wie stehen Sie zu Armut, Keuschheit und Gehorsam?

ARMUT. Was den meisten dabei einfällt ist die Frage: „Was müsste ich für ein solches Leben alles aufgeben?" In meinem Fall war es meine Arbeit mit einem guten Gehalt, meine Rente und die schönen Urlaubsreisen ... Ich habe meinen Bungalow aufgegeben, den ich sehr liebte. Im Moment habe ich noch mein Auto, aber es wird nicht mehr lange mir gehören. Für mich war es schwierig, mich zu der Entscheidung durchzuringen, alles aufzugeben. Aber inzwischen fühle ich, dass ich im Vergleich zu dem, was ich gewinne, sehr wenig aufgegeben habe und dass es auch gar nicht so schwer war. Sie können das als romantische Idealvorstellung abtun, aber ich spürte, dass ich hier alle äußeren Dinge loslassen konnte, um ganz für Gott da zu sein. Ich bin ganz Gottes Kind, und es klingt vielleicht übertrieben, aber es ist wahr: Die Freude wiegt alles auf.

Natürlich gibt es Tage, wo es auch hier schwer wird und ich weinen muss, weil alles so schrecklich scheint. Aber im Großen und Ganzen habe ich hier so viel Freude und eine Befriedigung gefunden, dass es wie ein Schatz für mich ist. Es ist wie in dem biblischen Gleichnis von dem Mann, der seinen ganzen Besitz verkauft, um sich eine kostbare Perle leisten zu können. Ich gebe alles auf für diese eine Perle! Ich habe etwas gefunden, das so viel größer und erfüllender ist als alles, was ich aufgegeben habe, und darum geht es im Leben. Es ist das Wissen, dass das Loslassen von allen materiellen Dingen keine Entbehrung, sondern eine Befreiung ist.

KEUSCHHEIT. Es gab drei Männer, die gern eine ernsthafte Beziehung mit mir eingegangen wären, aber ich wollte das nicht. Sobald es ernst zu werden drohte, beendete ich die Beziehung. Diese Männer waren als Freunde ganz in Ordnung, aber ich liebte keinen von ihnen wirklich tief. Einer hat sogar von Heirat gesprochen, aber ich hatte kein Interesse daran.

Ich hatte nie Sex mit einem Mann. Ich habe mich auch nie in der Rolle der Ehefrau oder Mutter gesehen. Ich weiß nicht, warum. Mein Bruder ist verheiratet und hat zwei süße Jungs, die ich als meine Neffen sehr gerne mag. Aber ich wollte nie diese Rolle einnehmen.

Intimität in egal welcher Form ist für mich nur für Gott reserviert. Da ich selber keine sexuellen Erfahrungen gemacht habe, weiß ich vielleicht auch nicht, was ich aufgebe, aber was ich mit Gott erlebt habe, ist einfach wunderbar. Ich kann nur vermuten, dass es ein ähnliches Gefühl ist, wenn man eine intime Beziehung mit einem anderen Menschen hat, in der alles gut läuft. Ich glaube, dass das mehr als aufwiegt, was ich aufgegeben habe. Ich mache mir nicht allzu viele Gedanken darüber, was ich vermissen könnte. Vielleicht bin ich auch einfach komisch – der Mittelpunkt meines Lebens ist Gott.

Im Prinzip laufen alle Gelübde auf dasselbe hinaus. Es sind nur verschiedene Aspekte ein und desselben Wunsches, der heißt: „Nur du, Herr." All die Dinge, die zwischen mich und Gott treten können, sollen verschwinden.

GEHORSAM. Allgemein geht man davon aus, dass Gehorsam darin besteht, das zu tun, was man gesagt bekommt, egal, ob es gut oder schlecht, richtig oder falsch ist. Für mich bedeutet Gehorsam aber nicht, aus Pflichtgefühl oder Schwäche heraus das Gewünschte zu tun, sondern aus Liebe. Wie das in der Beziehung zwischen Jesus und Gott der Fall war. Jesus hat all das Leid auf sich genommen, und diese Art des Gehorsams ist Gehorsam aus Liebe.

Ich hoffe, dass ich immer besser darin werde, auf alle Dinge in einer Weise zu reagieren, die Jesus ähnlich ist. Wenn ich gebeten werde, in der Küche zu arbeiten, denke ich natürlich: „Dazu habe ich aber gar keine Lust", aber ich tue es dann trotzdem. Ich hoffe, dass ich irgendwann fähig sein werde, diese Dinge auch gern zu tun.

Auf einer ganz praktischen Ebene gibt es natürlich Dinge hier, die mich stören. Ich mag es zum Beispiel nicht, wenn an Sonntagen im Gottesdienst gesungen wird, denn keine von uns kann besonders gut singen (ich hoffe, dass unsere Chorleiterin mir das nicht übel nimmt), und ehrlich gesagt würde mir ein reiner Wortgottesdienst besser gefallen. Manchmal fühle ich mich traurig, weil wir das Brevier nur herunterzubeten scheinen, ohne wirklich darüber nachzudenken, was wir sagen und zu wem wir das sagen. Mir gefällt auch Ruhe bei den Mahlzeiten. Ich mag es nicht, wenn ich beim Essen plaudern soll. Ich finde es anstrengend, dass so viele Gäste hier ein und aus gehen – sie sind so schnell wieder fort. Aber das sind nur Kleinigkeiten.

Gelegentlich, wenn ich in einer Trotzlaune bin, denke ich: „Ich gehe heute nicht in die Kapelle zum Beten", aber ich habe tatsächlich niemals einen Gottesdienst versäumt.

Einmal war ich offen ungehorsam. Als Novizinnen haben wir kein eigenes Geld, aber ich hatte heimlich doch welches behalten und habe mir Schokolade davon gekauft. Das war bisher die größte Rebellion meinerseits!

Ich wünsche mir mehr und mehr Freude für die Schwestern hier, die auch im Gottesdienst und in der Anbetung sichtbar werden soll. Vielleicht kann man das aber auch nicht immer. Eine Schwester hat gesagt, wenn man 50 Jahre lang verheiratet ist, dann verändert sich die Beziehung natürlich ganz gewaltig. Schwester Jeanne ist 93 und lebt seit 60 Jahren hier. Ihre Beziehung zu Gott ist also verständlicherweise ganz anders als meine.

Aber manchmal muss ich in den Versammlungen einfach sagen, wie wunderbar Gott ist, und mich dadurch lächerlich machen. Es kommt mir einfach so von Herzen.

Kurz nach diesem Interview wurde Schwester Joan für weitere drei Jahre aufgenommen, und eine neue Novizin ist dem Orden beigetreten.

Der Orden nimmt auch interessierte Männer und Frauen für bis zu drei Monate zum Leben, Arbeiten und Beten im Kloster auf.

Schwester Rose

—◄○►—

Schwester Rose
Gemeinschaft des Heiligen Franziskus – Brixton, London

$\mathcal{A}$ls ich zum ersten Mal in meinem Leben
in einer Kirche war, wurde die Gemeinde
plötzlich aufgefordert, nach vorne zu kommen,
und ich dachte nur: „Was soll denn das jetzt?"
Der Priester sagte, dass dies das Abendmahl sei,
und erklärte genau, wo man es in der Bibel
nachlesen konnte, und das tat ich dann auch.
„Tut das zur Erinnerung an mich", las ich da.
Die biblische Schilderung erschien mir doch anders
als das, was ich in der Kirche gesehen hatte.
Jesus hatte mit seinen Jüngern gemeinsam
ein Mahl eingenommen. Hier schwenkten die Leute
ein Weihrauchfässchen über der Bibel und so weiter.
Ich dachte damals – und das denke ich auch noch
heute –: „Wie ist es eigentlich von diesem damaligen
Ereignis zu dieser Aufführung hier gekommen?"

Dieses Treffen kam mir nicht so sehr wie ein Interview mit einer Nonne in einem Kloster vor, sondern eher wie ein Besuch bei einer alten Freundin, mit der ich ausführlich plauderte. Das frei stehende Ordenshaus in einem Vorort sieht aus wie jedes andere in dieser Gegend, nur dass sich in einem Zimmer eine Kapelle befindet – eine wunderschöne, einfach gehaltene Kapelle mit beigefarbenen Wänden, grünem Teppichboden und einer schwarzen Figur des gekreuzigten Jesus.

Rose ist dem Franziskanerorden vor drei Jahren beigetreten. Sie hat zwar auch eine Tracht, aber sie trägt sie nur zu besonderen Anlässen. Als ich sie besuchte, trug sie einen bunten Patchworkrock, den sie selbst genäht hatte. In der Küche war schon ein Salat vorbereitet. Bevor wir es uns auf den Sofas im Wohnzimmer bequem machten, aßen wir zusammen zu Mittag. Ich traf keine der anderen Schwestern an, da sie bei der Arbeit waren, aber das ganze Haus strahlte eine Atmosphäre der Geborgenheit aus.

Ich habe mit Rose eigentlich gar kein richtiges Interview geführt. Ich habe ihr eine Frage gestellt, und bereitwillig begann sie zu reden, so dass ich mich bequem zurücklehnen konnte. Sie ist eine begabte Rednerin – darüber denkt sie selbst allerdings anders –, so dass ich sie fragte, ob sie je daran gedacht hätte, Pfarrerin zu werden. Ich sah sie schon vor mir, wie sie mit ihrer Freude und ihrem Humor, mit dem sie sich gern selbst auf den Arm nimmt, eine Gemeinde mitten in London leitet.

Doch sie meinte dazu: „Ich wäre lieber tot als Pfarrerin."

Ich hoffe, sie ändert irgendwann noch einmal ihre Meinung.

Jedes Wort unseres Gesprächs war erstklassige Unterhaltung, aber dieses Interview zu bearbeiten war eine Qual, denn ich wollte nicht einen einzigen Satz davon wegkürzen. Rose verdient eigentlich ein ganzes Buch für sich!

Ich stamme aus Dagenham. Daher habe ich auch diesen Dialekt; ich weiß, dass wir grammatikalisch falsch sprechen, aber so rede ich eben.

Wir lebten in dem größten sozialen Wohnungsbaugebiet in ganz Europa. Ich habe noch zwei Schwestern; die eine ist älter, die andere jünger. Ich bin überhaupt nicht religiös erzogen. Gut, wir wurden getauft, aber meine Eltern hatten eigentlich gar keine Ahnung, dass das etwas mit Religion zu tun hat. An Religion wurde bei uns schlichtweg gar nicht gedacht. Ich hatte zwar auch Taufpaten, aber die glaubten auch nicht an Gott. Als ich einmal fragte, wo denn meine Oma, die gestorben war, hingegangen sei, antwortete mir meine Taufpatin (ich war 14): „Sieh mal: Man wird geboren, man lebt, man stirbt und wird unter die Erde gebracht. So einfach ist das. Mehr kommt da nicht mehr nach." Ich wusste genau, dass das nicht stimmte. Dann wäre das Leben ja ein reiner Hohn gewesen! So weit zu meiner Taufpatin.

Wir gingen ein paarmal in die Sonntagsschule. Da konnte man einen Radiergummi oder einen Stift mit einem Satz drauf gewinnen, wenn man die richtige Antwort gab, aber ich habe nie etwas gewonnen. Ich ging auch ein paarmal in die Kirche, als ich bei den Pfadfindern war. Das machte man da eben so.

Gott war auf jeden Fall nie Gesprächsthema bei uns. In Dagenham diskutierte man nicht; man schaute Fernsehen. Man dachte sich einfach nichts dabei. Wenn man über die Dinge nachdachte, fanden die anderen, dass man nicht ganz normal war; also behielt man seine Gedanken für sich. Ständig bekam man zu hören: „Warum willst du dir darüber den Kopf zerbrechen?" oder: „Mach dir darüber mal keine Gedanken."

Mein Vater war Polizist. Er hatte diesen Beruf gewählt, weil er dadurch eine Wohnung gestellt bekam. Die anderen Leute in Dagenham arbeiteten bei Ford oder am Hafen, aber mein Papa war ein Bulle. Meine Mutter arbeitete am Fließband, schon seit sie 14 war. Sie haben nicht weiter über unsere Ausbildung nachgedacht. Es gab damals eine Menge Leute, die sich keine Ausbildung leisten konnten.

Als ich 19 war, zogen wir nach Ilford, und ich ging dort zur Schule. In meiner Klasse waren 48 Schüler. Ich kann noch jeden beim Namen nennen, wenn ich das Klassenfoto sehe. Ich hatte keine Eingewöhnungsprobleme und viele Freunde, aber es war keine gute Schule. Die zweite, an der ich meinen Abschluss machte, war auch nicht besser. Ich schaffte die mittlere Reife und war die Erste in unserer ganzen Familie, einschließlich meiner Cousins und Cousinen, die aufs Gymnasium ging. Die einzige Sorge meiner Mutter war, dass sie mir jetzt eine neue Schuluniform kaufen mussten.

Als ich aufs Gymnasium ging, wurde ich depressiv, und diese Phase hielt fünf Jahre lang an. Ich lernte nicht besonders viel, nur Englisch und Mathematik machten mir Spaß. Ich konnte auch ganz gut schreiben. Ich schreibe nicht so, wie ich spreche; schriftlich kann ich mich besser ausdrücken.

Meine innere Traurigkeit versuchte ich durch Frechheiten und eine große Klappe zu übertönen. Wenn man es schaffte, während des Unterrichts wegen störendem Betragen rausgeschickt zu werden, dann konnte man schnell auf der Toilette eine rauchen. Das tat ich oft. Ich fand es toll, vor dem Spiegel zu sitzen, mit dick aufgetragenem Lippenstift, zu rauchen und zu schauen, ob ich nicht schon wie 16 aussah; dabei war ich erst 13. Ich wollte endlich ernst genommen werden.

Als mein Kindermädchen starb (das ich nicht besonders mochte), fragte ich meinen Religionslehrer, was denn nach dem Tod mit einem Menschen geschah, und er sagte, er wüsste es nicht. Ich wollte wirklich gern über Gott sprechen, aber die Leute im Schülerbibelkreis waren schreckliche Streber, die immer Klassensprecher wurden und so. Die konnte ich unmöglich fragen. Doch ich ahnte etwas. Ich dachte über die Dinge nach und machte mir so meine eigenen Gedanken.

Ich hatte nie viel Selbstachtung. Wenn ich heute zurückschaue, denke ich, dass man in der Kindheit und Jugend Wertschätzung erfahren muss, um Selbstachtung zu entwickeln. Und das wurde mir eben nicht gegeben. Meine Eltern hatten selbst keine Selbstachtung. Heute würde ich sagen, dass ich immer ein Gefühl von Wertlosigkeit gehabt habe. Ich konnte das damals nicht beschreiben, aber heute kann ich es artikulieren. Kinder haben schon eine Ahnung von gewissen Dingen, auch wenn sie sie nicht mit Worten erklären können.

In dieser Zeit nahm ich oft irgendwelche Tabletten, um krank zu werden. Ich dachte anscheinend, irgendjemand würde schon merken, dass mit mir etwas nicht in Ordnung war. Ich hatte echte Depressionen. Die Direktorin brachte mich schließlich zum Arzt, der mich zu einem Psychiater überwies. Da war ich 16.

Wir saßen also im Krankenhaus beim Psychiater – mein Vater musste mitkommen –, und der Psychiater fragte meinen Vater: „Warum weint sie denn die ganze Zeit?" Er hat mich selbst überhaupt nicht angesprochen. Und mein Vater sagte: „Ich weiß es nicht." Der Psychiater meinte dann: „Nächste Woche kommt die Mutter mit, und beim übernächsten Mal beide Eltern."

Mit mir allein wollte er gar nicht sprechen. Ich ging nicht mehr hin, denn ich hatte nicht das Gefühl, dass er mir helfen konnte. Ich fühlte mich einfach nur schlecht und konnte das niemandem richtig erklären, wobei ich glaube, dass das für eine 16-Jährige ganz normal ist.

Jedenfalls machte ich dann noch einen ganz guten Schulabschluss, was angesichts der Umstände wirklich ein Wunder war, und ging von der Schule ab. Niemand in Dagenham beendete die Schule. Ich begann eine Ausbildung zur Krankenschwester, aber ich war innerlich in einem fürchterlichen Zustand. Noch immer kompensierte ich mein mangelndes Selbstbewusstsein mit Frechheiten. Ich weiß noch, dass mir ein Arzt Beruhigungsmittel verschrieb. Das hat mich dann völlig durcheinander gebracht, und es wurde noch schlimmer. Schließlich kam ich für ein Jahr in Therapie.

Im Nachhinein habe ich von der psychiatrischen Klinik meine Patientenunterlagen bekommen. Die Diagnose lautete: „Nicht ausgereifte Persönlichkeit". Das ist natürlich eine grobe Frechheit, wenn man bedenkt, dass ich erst 18 war.

Nach einer Weile wurde ich zur Kur in ein Heim geschickt. Der Mann, der das Heim leitete, war wirklich großartig. Er meinte zu mir: „Du warst nie psychisch krank. Du hattest nur eine traumatische Kindheit." Er war Christ, ein ganz erstaunlicher Mensch, und er führte lange Gespräche mit mir. In der Klinik hatte nie jemand mit mir gesprochen; ich wurde einfach nur mit Medikamenten voll gepumpt.

Ich erzählte ihm: „Ich bin ehrlich sehr an Gott interessiert, aber ich weiß nicht, wie ich es anfangen soll. Ich kann nicht die Bibel lesen, denn dann stoße ich mich gleich wieder an der Sache mit der Jungfrauengeburt. Wenn ich das nicht glauben kann, kann ich auch den Rest nicht glauben."

Er meinte: „Dann lass den Anfang doch erst mal beiseite und beginn einfach mit dem Wirken Jesu. Du erzählst mir doch immer, dass du ehrliche Leute magst. Also überprüf mal, ob Jesus ehrlich war."

Ich war einverstanden und fing an zu lesen, und ich fand Jesus einfach fantastisch. Das sagte ich dem Heimleiter auch: „Dieser Jesus ist ja total dynamisch."

Aber er fragte mich gleich zurück: „Aber glaubst du auch, dass er ehrlich ist?"

Ich antwortete mit einer Phrase, die ich gerade aufgeschnappt hatte und die mir gut gefiel: „Ja. Aber bedräng mich bitte nicht." Und das tat er auch nicht.

Eine Krankenschwester meinte, dass ich mir doch mal ein Kloster anschauen und sehen könnte, ob das etwas für mich wäre. Ich schrieb also einen Brief an einen Orden, in dem ich fragte, ob ich mit einer Freundin herkommen könnte, aber sie sollten mit mir bitte nicht über Gott sprechen.

Ich erhielt ein „Ja" als Antwort, und so kam ich hierher. Ich weiß noch, dass in jedem Zimmer ein Kruzifix hing, sogar auf der Toilette. Man konnte nicht mal unbeobachtet aufs Klo gehen! Das Erste, was ich auf meinem Zimmer tat, war, das Kreuz abzunehmen, damit ich mich in Ruhe ausziehen konnte. Aber ich ging mit in die Kapelle und konnte die Kraft Gottes spüren. Ich wusste nicht, was es war, aber ich konnte es fühlen.

Am letzten Abend meines Aufenthalts war eine Viertelstunde Schweigen in völliger Dunkelheit angesagt; nur das ewige Licht brannte. Ich saß da und bat Gott, in mein Leben zu kommen. Es war wie eine Injektion, die meine ganze bisherige Welt auf den

Kopf stellte. Es war wunderbar und schrecklich zugleich, aber ich wusste, dass Gott da war und etwas in mir tat. Ich fragte die Schwestern, welcher Konfession sie angehörten, und sie sagten, sie seien anglikanische Nonnen, aber ich hatte keine Ahnung, was das bedeutete, und es war mir auch egal. Wenn sie Katholikinnen oder Baptistinnen gewesen wären, wäre ich ihnen auch beigetreten. Ich ging also zu meiner Freundin und sagte: „Du wirst nicht glauben, was mir passiert ist!"

Ich fuhr zurück, suchte mir eine Kirche mit einem guten Vikar und ließ mich konfirmieren. Zwei Jahre später trat ich dem Orden bei. Ich musste zwei Jahre damit warten und war 22, als ich hierher kam. Ich blieb erst mal dreieinhalb Jahre. Ich habe das Noviziat hinter mich gebracht und dann meinten die Schwestern zu mir, ich sollte noch ein bisschen mehr vom Leben sehen. Sie würden mich gern in zwei oder drei Jahren wieder aufnehmen, aber ich sollte erst mal eine Weile arbeiten gehen und vielleicht eine Therapie machen. Sie hätten das Gefühl, ich wäre noch nicht reif dafür, hier zu bleiben, und ich wusste, sie hatten Recht.

In den folgenden Jahren hatte ich verschiedene Jobs. Am liebsten wollte ich zurück ins Kloster, aber emotional war ich noch nicht stabil genug. An einem Ort, wo man fast nur schweigt, braucht man viel emotionale Stärke. Sie haben ja keine Ahnung, wie gesund man dafür sein muss! Man muss auch fähig sein, mit sich allein zurechtzukommen.

Ich zog mit einer Freundin zusammen. In dieser Zeit hatte ich einige Beziehungen zu Männern, und das hat ... ähem, mich sehr verändert! Mehr möchte ich dazu nicht sagen. Jedenfalls arbeitete ich in einem großen Kaufhaus, und dort lernte ich ein Mädchen kennen, das in ihrem Abendkurs einen Aufsatz über ein Buch geschrieben hatte, das ich gerade gelesen hatte. Ich sagte ihr, dass ich ihren Aufsatz gern lesen würde, und um es kurz zu machen, ich machte dann ihren Kurs mit und bestand. Die Lehrerin sagte mir, ich könnte auf dem zweiten Bildungsweg einen Abschluss an der Abendschule machen. Ich dachte nur, die macht doch sicher nur Witze und entgegnete: „Meinen Sie das im Ernst?"

Sie sagte ja, und so machte ich meinen Abschluss und bekam eine gute Note. Ich war sehr zufrieden mit mir. Dann machte ich eine Zusatzausbildung als Lehrerin und durfte bald unterrichten. Plötzlich hatte ich das Geld für eine schicke Wohnung, ein Auto, konnte Zeitschriften abonnieren und essen gehen, wenn ich keine Lust zum Kochen hatte.

Ich nahm mir vor, Hedonist zu werden, nachdem ich herausgefunden hatte, dass das Wort „Genusssuchender" bedeutet. Ich dachte: „Das könnte mir gut tun." Ich hatte meiner Meinung nach lange genug versucht, religiös zu sein, doch es hatte nicht geklappt. Also ging ich nicht mehr in die Kirche und betete auch nicht mehr. Drei Jahre lang ging ich jeden Sonntagmorgen in die Videothek und lieh mir ein paar Videos aus, die ich mir dann alle hintereinander anschaute. Danach las ich sämtliche Boulevardzeitungen. Das bedeutete für mich „hedonistisch" zu leben – das tun zu können, was ich gerade wollte. Es war in Wahrheit absolut langweilig. Es gab keine Herausforderungen.

Eines Karfreitags um ein Uhr begegnete mir Gott – obwohl ich nicht mal Lust hatte, mit ihm zu sprechen. Ich betete sehr widerstrebend, spürte aber die Gegenwart des Heiligen Geistes ganz stark, so wie beim ersten Mal im Kloster. Ich saß im Badezimmer und weinte. Mir wurde klar, dass ich die letzten Jahre eigentlich nur meine Zeit verschwendet hatte. Ich wollte wieder zurück ins Kloster, wo ich hingehörte!

Doch zuerst wollte ich das Schuljahr mit den Kindern, die ich unterrichtete, beenden, und so musste ich noch über ein Jahr warten. Der Direktor bot mir an, meine Stelle freizuhalten, falls ich es mir doch noch einmal anders überlegen sollte. In der Zwischenzeit informierte ich mich gründlich über die Franziskaner. Franziskanerklöster sind völlig anders als andere Ordenshäuser. Sie sind näher an den katholischen Orden, die inzwischen viel mehr Freiheit haben als die anglikanischen Klöster. Mir gefiel, was ich da las, und es bestärkte mich in meiner Entscheidung. Genau

18 Monate später trat ich dem Kloster hier bei. Ich war 40 Jahre alt.

Dieser Orden wurde 1905 im Londoner East End gegründet. Man erledigte für andere die Wäsche und passte auf die Kinder anderer Leute auf, um überleben zu können. Später leiteten die Schwestern eine Klinik und wohnten in einem baufälligen Haus. Dann zog der Orden nach Somerset, wobei die Klinik immer noch einige Jahre lang weiterbetrieben wurde. Es gibt in unserem Orden viel mehr Brüder als Schwestern. Als Novizin hat man einen Teil der Ausbildung zusammen mit den Novizenbrüdern. Momentan haben wir hier 5 Frauen im Noviziat und 10 Männer. Der Unterricht ist gemeinsam, so dass man sich ganz gut kennen lernt. Jeden September gibt es Neuzugänge. Wir haben 41 Frauen in diesem Kloster und ungefähr 120 Männer.

Die Arbeit ist ganz unterschiedlich, je nach den jeweiligen Begabungen und der Ausbildung. Das größte Ordenshaus in Somerset nimmt auch Gäste für Freizeiten oder Exerzitien auf. In diesem Haus ist einer Krankenhauskaplan, eine hat eine Ausbildung als Masseuse, eine gibt Beratung in geistlichen Fragen, eine arbeitet in einem Hospiz und ich arbeite mit Obdachlosen, die vom Alkohol loskommen wollen. Drei von uns erhalten ein Teilzeitgehalt, aber alle Gelder gehen in einen gemeinsamen Fonds, damit andere ehrenamtlich mitarbeiten können. In Newcastle-under-Lyme, wo ich als Nächstes hingehen werde, kommen Gäste zu Exerzitien, aber ich werde auch ein paar Tage pro Woche außerhalb des Klosters arbeiten, denn ich möchte die Arbeit mit den Obdachlosen fortsetzen.

Als Novizin lebt man in diesem Orden ein Jahr in Somerset, ein Jahr in Brixton und ein Jahr in Newcastle. Weil ich hier so glücklich bin, sind mir zwei Jahre genehmigt worden. Jeder Orden ist anders, und man will erreichen, dass jeder möglichst viele verschiedene Lebensweisen im Kloster kennen lernt und mit unterschiedlichen Schwestern zusammengelebt hat, bevor man die Gelübde ablegt.

Wir haben eine halbe Stunde privates Gebet und dann von 7:30 bis 8:00 Uhr gemeinsames Gebet. Danach gibt es Frühstück und dann wird gearbeitet. Am Abend hat man wieder eine halbe Stunde Zeit für sich allein, und dann beginnt das Abendgebet um 18:00. Bei der Zubereitung des Abendessens wechseln wir uns ab. Um 19:30 wird gegessen, und um 20:30 findet das Tagesschlussgebet statt. Danach kann jeder tun, was er möchte. Einmal pro Woche kommt ein Priester, der das Abendmahl hält. Wir versuchen, dafür möglichst viele Priesterinnen zu bekommen. Wir haben einen Turnus, bei dem von sieben Priestern vier Frauen sind. Wir unterstützen es sehr, dass Frauen in der Kirche mitarbeiten und Ämter übernehmen. Wir haben vier Schwestern, die Priesterinnen sind, und ein Ehepaar, das über diese Möglichkeit nachdenkt. Das finde ich wirklich gut.

Was ich an diesem Orden mag, ist, dass man hier die Freiheit hat, herauszufinden, welche Tätigkeit einem besonders liegt. Als ich hierher kam, hatte ich beispielsweise noch keine Ahnung, dass ich mal mit Obdachlosen arbeiten würde. Ich hatte Angst vor diesen Leuten und machte einen großen Bogen um sie. Doch dann lernte ich eine katholische Ordensschwester kennen, und sie erzählte mir von der Suppenküche, bei der sie mitarbeitete. Ich dachte, dass ich so etwas ja auch machen könnte. Ich betete zwei Tage lang, und nachher hatte ich das Gefühl, dass es genau das Richtige für mich war. Ich sagte also der Novizenschwester Bescheid, und sie meinte: „Also gut, dann gehen Sie hin und schauen Sie sich die Sache an."

Es war die Küche, wo ich jetzt auch noch arbeite. Trinker kommen hierher und versuchen, vom Alkohol loszukommen. Schon nach zwei Minuten wusste ich, dass ich hierher gehöre. Dieser Ort strahlt eine schäbige, wundervolle und heimelige Heiligkeit aus. Hier arbeiten drei katholische Ordensleute, ohne Tracht oder so, und einer lebt zölibat, ist aber nicht in einem Orden. Er hat einfach einem Priester gegenüber sein ganz persönliches Gelübde abgelegt.

Alkoholiker, die trocken zu werden versuchen, haben eine Menge Ärger in sich aufgestaut, aber es ist einer der hoffnungsvollsten Orte, an dem ich je war. Ich beobachte die Menschen genau. Sie sind zerbrochen. Sie sind so verletzt durch all die Ablehnung, die sie erleben. Deshalb trinken sie. Sie glauben, sie wären wertlos, als ob der Alkoholimus eine Art moralischer Fehler wäre und nicht eine Krankheit. Aber ich weiß in meinem Innersten, wenn ich für sie bete, dass Gottes Herz für sie blutet und dass er sie nicht verurteilt.

Die Leute fragen mich immer wieder, wie ich bete. Das ist aber so, als ob man mich fragte, wie ich denke. Gott ist für mich ein Gott des Mitleids und der Hoffnung. Früher dachte ich immer, dass Gott einem im Grunde das Leben vermasseln will. Ich weiß heute, dass das eine absolut verzerrte Sicht von Gott ist und dass es Gott als Erstem das Herz bricht, wenn Menschen leiden müssen. Dessen bin ich mir auch immer bewusst, wenn ich für die Penner da draußen bete und versuche, ihnen zu helfen, von der Flasche loszukommen, und es mal wieder schwer ist. Ich fühle mich jetzt nicht mehr verdammt. Natürlich war ich nie von Gott verdammt, aber ich fühlte mich einfach so.

Manchmal möchte ich gefühlsmäßig Großartiges erleben, wenn ich bete. Aber man hat eben nicht immer besondere Gefühle dabei. Die Gefühle sind ein Geschenk, und sie kommen ganz unverhofft. Ich habe einmal ein Buch gelesen, das hieß: „Embracing the Light" (Umarme das Licht) von Betty Edie. Es ist ein tolles Buch. Sie beschreibt darin ihre Erlebnisse, nachdem sie klinisch tot war und dann wieder belebt wurde. Sie spricht darin von „großen, hellen Gebeten", die wie Seifenblasen von der Erde zum Himmel steigen, wo die Engel nur darauf warten, sie zu beantworten.

In meinen Gebetszeiten versuche ich, nicht oberflächlich zu beten, sondern mich ganz hinter die Gebete zu stellen. Unsere frühere Oberin erkrankte vor einiger Zeit an Krebs und es hieß, dass sie wahrscheinlich den Februar nicht überleben würde. Es war gerade Weihnachten, und ich betete und betete. Ich wusste ja, dass wir im Gebet Gott nach seinem Willen fragen sollen. Ich betete also: „Wenn es dein Wille ist, Herr, dann heile sie bitte. Sie ist für viele Menschen so wichtig. Ich möchte nicht, dass du sie zu dir nimmst." Ich betete „große, helle Gebete", wie in diesem Buch beschrieben, und ich war nicht die Einzige. Nach der nächsten Untersuchung sagten die Ärzte: „Wir können das nicht erklären, aber der Krebs scheint verschwunden."

Natürlich war das ein außergewöhnliches Ereignis, und viele Leute sterben, obwohl für sie gebetet wird. Trotzdem war es ein unfassbar schönes Erlebnis.

Wenn jemand sagt: „Gott antwortet aber nicht auf meine Gebete", dann sage ich: „Woher weißt du denn das? Hast du etwa eine Stoppuhr dabei?" Oder ich sage: „Du betest vielleicht für etwas, was nicht zum Besten für dich ist, oder du bittest um die falschen Dinge."

Früher hatte ich auch oft den Eindruck, dass Gott einfach nicht auf meine Gebete hört und mir nicht hilft. Natürlich hatte ich auch immer eine genaue Vorstellung davon, wie diese Hilfe aussehen sollte und wann sie kommen musste. Wenn ich zurückblicke, kann ich erkennen, dass Gott mich nie zurückgewiesen hat. Ich glaube auch nicht, dass Gott irgendjemand anderen zurückweist; er hat nur manchmal andere Vorstellungen von den Dingen als wir.

Es gibt vieles, worauf ich keine Antwort habe. Ich glaube ja nicht an Gott, weil ich damit alle Antworten bekomme, aber wenn ich zurückschaue, erkenne ich, dass einige Dinge, die ich mir gewünscht habe, nicht gut für mich gewesen wären. Man muss warten können. Und man muss sich klarmachen, dass man oft sich selbst verändern muss, um Dinge zu verändern. Wenn man beispielsweise an den Hunger in der Welt denkt – dieses Problem können wir nur lösen, indem wir bei uns selbst anfangen und unsere Einstellung verändern. Es genügt nicht, Gott um ein Wunder zu bitten.

Wenn ich für einen obdachlosen Alkoholiker bete, dann muss ich an meiner Einstellung arbeiten. Ich darf keine Angst haben, dass ich Läuse oder so bekomme, wenn ich mit „so jemandem" spreche. Ich muss eine Beziehung aufbauen, damit meine Gebete beantwortet werden. Die Menschen müssen mit Respekt behandelt werden.

Manchmal denken wir, dass unsere Gebete angesichts all des Leids auf der Welt nichts nützen. Man kann das zwar nicht beweisen, aber ich denke immer, wenn alle Menschen auf der Welt plötzlich ganz aufhören würden zu beten, dann würde es unwahrscheinlich viel schlimmer aussehen.

Wenn mein Vater mir Fragen über das Leid stellt und ohne meine Antwort abzuwarten sagt: „Erzähl mir jetzt bloß nicht, dass Gott oft auf die merkwürdigste Weise handelt", dann bringt mich das zur Verzweiflung.

Ich antworte: „Ich weiß es nicht, ich habe keine Ahnung, warum das oder jenes passiert ist, aber ich glaube immer noch, dass es einen Gott des Mitleids und der Liebe gibt."

Er sagt dann: „Beweis es mir doch!", aber das kann ich natürlich nicht. Ich muss es auch gar nicht beweisen. Ich weiß es einfach.

Wenn man etwas nicht beweisen kann, heißt das noch lange nicht, dass es nicht wahr ist. Als ich den Leiter des Gästehauses kennen lernte, sagte ich zu ihm: „Beweis mir, dass es einen Gott gibt", und er sagte: „Mein Leben ist der Beweis."

Er hatte Recht, denn er liebte uns wirklich. Er liebte uns, ohne eine Gegenleistung zu erwarten, genau wie Gott.

In den vergangenen drei Jahren hat sich meine Beziehung zu Gott vertieft auf eine Art und Weise, wie es auch in der Beziehung zu einem anderen Menschen der Fall wäre. Ich verbringe oft Zeit mit Gott wie mit meiner besten Freundin. Ich mache mir eine Tasse Kaffee, setze mich gemütlich aufs Sofa und rede mit ihm. Ich habe früher immer gedacht, es wäre geistlicher, wenn man beim Beten steht. Aber jetzt ist es mir egal, welche Haltung ich dabei habe. Es ist auch nicht schlimm, wenn ich dabei mal eindöse. Gott ist trotzdem bei mir. Er wartet nur darauf, dass ich in Verbindung zu ihm trete.

Ich habe gelernt, dass ich nicht wertlos bin. Ich weiß, dass ich von Gott geliebt und wertvoll bin. Ich kann es nicht in theologischen Worten beschreiben, aber es ist ein Gefühl und ein Wissen in meinem Herzen. Bevor ich hierher kam, habe ich immer nur dann gebetet, wenn es mir passte und ich in der Stimmung dazu war. Meistens aber war ich nicht in der Stimmung. Hier ist das Gebet ein ganz normaler Teil meines Lebens. Das konstante Festhalten an einer Sache bringt die Veränderung.

Manchmal bitte ich Gott um eine neue Erkenntnis und warte ab, was passiert. Einmal geriet ich zum Beispiel mit dem Bus mitten in eine Demonstration. Ich wollte eigentlich nur durch die Stadt nach Hause fahren. Es ging um die Rechte farbiger Mitbürger und die Demonstration war ziemlich gewalttätig. Autos wurden umgekippt und Gegenstände geworfen. Ich hatte ziemlich Angst, besonders vor den aufgebrachten jungen Farbigen, obwohl sie weit weniger aggressiv wirkten als einige der Weißen. Ich merkte plötzlich, dass ich Vorurteile gegen Farbige hatte. Das fand ich ganz schlimm, denn ich wollte niemanden diskriminieren. Also sagte ich Gott, er solle bitte etwas gegen meine Voreingenommenheit tun. Wenig später nahm ich an einem Seelsorgekurs teil, und zwei Drittel der Teilnehmer waren Schwarze. Alle waren sehr engagierte Christen und wir führten sehr gute Gespräche. Das hat mich kuriert.

So handelt Gott: Manchmal spricht er mit einem direkt und manchmal durch bestimmte Situationen. Ich wollte keine Vorurteile haben, und jetzt habe ich keine mehr. Gott spricht auch zu mir durch meine Gefühle, weil das zu mir passt. Mit jemand anderem wird er auf die Art und Weise sprechen, die für diesen Menschen am besten ist. Ich kann von einem bestimmten Vers richtig getroffen sein; das ist wie ein körperlicher Schmerz, der mir von Gott erzählt.

Solch ein Satz stand zum Beispiel in Murray Bodos Buch: „Das Lied des Spatzen". Da heißt es von Gott: „Er applaudiert, wenn alle anderen Hände still sind und wenn mein eigenes Herz an seinem Wert zweifelt." Ich hätte am liebsten die Leute auf der Straße gefragt: „Wussten Sie schon, dass Gott applaudiert, wenn alle anderen Hände still sind und wenn Ihr eigenes Herz an seinem Wert zweifelt?" Ich hätte gern auf einen Ballon diese Worte geschrieben, so dass jeder sie sehen kann.

Dieses Thema liegt mir wirklich am Herzen. Ich möchte den Menschen weitersagen, dass Gottes Liebe zu ihnen sie unendlich wertvoll macht.

Als Novizin muss man sich entscheiden, ob man in dem Kloster, in dem man ist, seine Gelübde ablegen will oder nicht. Dabei geht es nicht nur um meine Entscheidung, sondern auch um die der anderen. Nicht nur du selbst musst dich bei den anderen wohl fühlen, auch die anderen müssen sich mit dir wohl fühlen. Ich bin ziemlich sicher, dass ich hier sein soll, und die Reaktionen der anderen Schwestern bestätigen mir das. Manchmal weiß man einfach, dass man das Richtige tut.

Vater John, der das Heim leitet, in dem ich arbeite, ist ein Visionär. Es gibt nicht viele Leute wie ihn. Wenn man mit ihm redet, sagt er oft Dinge, die weit über das hinausgehen, was man gefragt hat. Ich bin mir sicher, dass Gott durch ihn spricht. Ich habe durch ihn eine Menge über Gottes Einstellung zu den Menschen gelernt und darüber, dass Gott niemals jemanden aufgibt. Vater John macht es genauso. Egal, wie oft jemand wieder betrunken ankommt und es wieder von vorn versuchen will, er gibt jedem immer wieder eine Chance. Ich erkenne Gott in ihm, sein innerstes Wesen, nicht nur einzelne Eigenschaften. Und ich wünsche mir, auch ein bisschen so zu werden, dass Menschen Gott in mir erkennen können.

Wie stehen Sie zu Armut, Keuschheit und Gehorsam?

ARMUT. Nun, ich hatte früher eine schöne Wohnung und ein Auto. Es kommt mir fast so vor, als hätte ich das alles haben müssen, damit mein Leben etwas darstellte. Okay, diese Dinge waren ganz nett und angenehm. Ich habe mich an ihnen gefreut, besonders, weil meine Eltern so arm waren, aber sie waren nichts Tiefes.

Als ich hierher fuhr, um dem Kloster beizutreten, waren im Auto meine zwei Mitfahrer, ich selbst sowie alles, was ich noch besaß – und das war immer noch eine ganze Menge. Irgendwann möchte ich meinen ganzen Besitz mal in zwei Koffern verstauen können, denn ich habe immer noch viel Zeug, das ich eigentlich gar nicht brauche.

Mir gefällt es, Dinge loszuwerden. Jemand meinte mal zu mir: „Wenn du etwas besitzt und es so schätzt, wie es das verdient, und ihm gern Raum und Zeit gibst, dann behalt es. Aber wenn du diese Sache gar nicht mehr bemerkst, dann gib sie weg." So einfach ist das.

Was Geld betrifft, so gibt es hier eine Kasse, aus der man sich das herausnehmen kann, was man an Fahrgeld braucht und so weiter. Natürlich denkt man sehr genau nach, bevor man Geld ausgibt, das allen gehört. Was ich vermisse, sind die Klatschzeitschriften, die ich früher gern gelesen habe. Doch dadurch bin ich gezwungen, Bücher zu lesen – und das tue ich eigentlich sowieso gern. Ich lese nicht jeden Tag etwas Geistliches. Nachdem ich ein gutes Buch gelesen habe, warte ich eine Weile, bis mich wieder ein bestimmtes Buch interessiert.

Ich vermisse es, einen eigenen Fernseher zu haben. Ich habe mir immer gern Dokumentarfilme und Seifenopern angesehen und wie gesagt oft Videos ausgeliehen. Wir sehen hier zwar fern, doch es ist nicht dasselbe, wenn man mit anderen fernsieht. Es kommt vor, dass gerade mitten in der spannendsten Stelle im Film jemand hereinkommt und erzählt, wie furchtbar seine Fahrt war oder so.

Aber wir erleben hier keine Armut in dem Sinne, wie sie die Obdachlosen erleben. Wir haben alles, was wir brauchen und müssen uns um finanzielle Fragen keine Gedanken machen.

KEUSCHHEIT. Ich hatte früher sexuelle Beziehungen, aber ich hatte nie wahllos wechselnde Sexualpartner. Ich vermisse den Sex. 18 Monate vor meiner Ankunft hier habe ich das letzte Mal mit einem Mann geschlafen. Ich hörte auf, weil es mir sehr ernst mit meiner Entscheidung war, ins Kloster zu gehen. Ich wünschte, ich hätte damals schon gewusst, dass dieses letzte Mal das letzte Mal sein würde. Vielleicht hätte ich es dann bewusster erlebt.

Manchmal macht es mir nichts aus, aber dann wieder kann ich mir gar nicht vorstellen, nie mehr Sex zu haben. Für den Rest meines Lebens – das klingt einfach zu groß. Aber so sieht es ja wohl aus, denn wenn ich Sex hätte, würde ich mein Gelübde brechen. Wenn ich eines Tages wirklich unbedingt Sex bräuchte, dann müsste ich das Kloster verlassen, denn ich würde nur im Rahmen einer festen Beziehung mit jemandem schlafen und das ließe sich nicht mit dem Leben hier vereinbaren. Wenn sich eine Beziehung mit jemandem bei der Arbeit anbahnen würde, müsste ich wieder neu darüber nachdenken, ob ich wirklich hier im Orden am richtigen Platz bin. Aber ich glaube, das wird nicht passieren.

Ich vermisse den Sex und bin froh, dass ich ihn erlebt habe. Als ich mit 22 das erste Mal ins Kloster ging, hatte ich vorher noch keinen Sex gehabt, und ich kam mir vor wie eine Betrügerin, weil ich ja gar nicht wusste, was ich aufgeben würde. Aber es bedeutet mir jetzt mehr, weil ich die Wahl hatte. Sich zu entschließen, zölibat zu leben, wenn man es auch anders haben könnte, ist etwas ganz anderes, als dies aus Unwissenheit heraus zu tun. Ich habe mich dazu entschlossen, zölibat zu leben, weil eine sexuelle Beziehung zu einem Mann sich nicht mit dem Leben im Kloster vereinbaren lässt – ich habe mir das bewusst so ausgesucht.

Ich habe aber nie gedacht, dass ich mich entwürdige, wenn ich Sex habe. Ich glaube, dass wir den Sex im Rahmen einer verbindlichen Beziehung in vollen Zügen genießen sollten. Seien wir doch ehrlich: Sex ist toll und einen Orgasmus zu erleben ist einfach ein kleines Wunder. Gott hat uns damit ein erstaunliches Geschenk gemacht und ich liebe ihn noch mehr dafür, dass er so etwas Geniales erfunden hat.

Tja, und Kinder? Ich fragte mich immer mal wieder: „Möchte ich ein Kind haben oder möchte ich nur erleben, wie es ist, Mutter zu werden?"

Natürlich würde es mich sehr interessieren, wie ein Baby von mir wohl aussehen würde. Ungefähr zwei Jahre lang fuhr mir immer ein Stich durchs Herz, wenn ich einen Kinderwagen sah; doch dann ließ es nach. Ich wusste ja, dass ich vieles nicht erleben kann, wenn ich Nonne bin.

Als ich noch unterrichtete und meine Schüler fragte, was sie mit ihrem Leben anfangen wollten, da sagten sie immer: „Heiraten und eine Familie gründen." Ich fragte dann: „Das ist gut, aber habt ihr euch auch mal mit anderen Lebensformen beschäftigt?"

Ich habe mich dazu entschlossen, keine Kinder zu haben, und ich glaube, für mich ist das das Richtige.

GEHORSAM. Hier im Orden befiehlt einem niemand, Dinge zu tun, die man nicht tun möchte. Wir alle arbeiten für unser gemeinsames Wohl – wie man es in einer Familie tun würde.

Die Kleinigkeiten machen mir nichts aus, wie beispielsweise um 6:30 Uhr aufzustehen, wenn ich eigentlich lieber noch im Bett liegen würde. Das fällt mir nicht sehr schwer. Ich finde Gehorsam in großen Dingen schwierig – wie zum Beispiel der Tatsache, dass ich nach Newcastle gehen soll. Ich bin so gern hier in Brixton und fürchte, dass es mir dort nicht gefallen könnte. Ich war hier glücklich und hoffe nur, dass es dort auch so sein wird.

Ich sage zu Gott manchmal „sie", weil ich es nicht richtig finde, dass er überall als „er" angeredet wird. Die Kirche geht mir damit richtig auf die Nerven. Meiner Meinung nach hat Gott kein menschliches Geschlecht. Deshalb stelle ich mir Gott auch nicht so sehr als Mutter vor, indem ich „sie" sage, sondern ich denke eher an die weiblichen Seiten Gottes. Gott als Vater kann ich mir überhaupt nicht vorstellen, obwohl er in der Bibel immer wieder so genannt wird. Na ja, auf jeden Fall ist es wohl so, dass Gott generell über solchen geschlechtlichen Zuordnungen steht. Mir selbst ist es eine Hilfe. Wenn ich innerlich „sie" zu Gott sage, dann bekomme ich einen Zugang und eine Nähe zu Gott, die ich nicht erreiche, wenn ich „er" sage.

Es ist eine große Herausforderung, mit anderen Menschen so eng zusammenzuleben. Es gibt hier Leute, mit denen ich nicht mal ein Wort sprechen würde, wenn ich sie draußen treffen würde. Hier lernt man die Menschen sehr genau kennen.

Als ich hierher kam, gab es jemanden, mit dem ich überhaupt nicht auskam. Es gab viel Reibereien zwischen uns. Weil wir hier aber irgendwie zusammenleben müssen, kann ich nicht einfach sagen: „Ach, ist mir doch egal", und die Spannungen ignorieren. Wir haben uns ausgesprochen, was für uns beide ziemlich schmerzhaft war. Aber wir wollten keine große Kluft zwischen uns entstehen lassen. Wir haben uns bewusst dazu entschieden, uns zu vertragen, und es ist mittlerweile wirklich gut zwischen uns geworden. Es ist gut, wenn man die Dinge aus dem Weg räumt. Ich finde es spannend, wirkliche Beziehungen aufzubauen. Es ist ungefähr so, als würde man einen Kampf gewinnen. Es ist vergleichsweise sehr leicht, allein zu leben. Hier ist das Leben schwieriger, aber auch viel bereichernder.

Ich habe hier eine Freiheit, die ich vorher nie gehabt habe. Ich dachte immer, ich muss finanziell gut dastehen, weil ich nach dem beurteilt werde, was ich verdiene, nach meiner Kleidung oder nach meinem Auto. All diese Dinge sind eigentlich völlig bedeutungslos. Wenn wir einkaufen, gehen wir hier in Second-Hand-Läden, und das macht mir unheimlich Spaß. Ich verdiene 5.000 Pfund im Jahr, aber das ganze Geld kommt sowieso in einen Fonds. Geld ist hier also nicht mehr relevant. Es ist völlig gleichgültig, ob jemand arbeitet und Geld verdient oder nicht.

In gewisser Weise musste ich vorher immer mit anderen Leuten mithalten. Ob man es will oder nicht, im Arbeitsleben herrscht ein ständiger Konkurrenzkampf. Ich möchte nie mehr irgendwo arbeiten, wo ich schlau sein und mich gut verkaufen muss, um andere zu beeindrucken oder auszustechen. Denn das ist eigentlich unmenschlich.

Was ich auch am Klosterleben mag, ist die Tatsache, dass sich Menschen hier verändern können. Hier wird man in keine Schublade gesteckt und muss da drin bleiben. Die Menschen hier wachsen und werden heil. Das finde ich großartig. Im Orden erkennt man erst, wie krank man eigentlich war und wie sehr wir alle Heilung benötigen.

Im Orden findet man Menschen aus allen Schichten der Gesellschaft; das Kloster stellt sozusagen die Gesellschaft im Kleinen dar. Wenn man sich so einen Orden anschaut, dann denkt man vielleicht: „Was für ein seltsamer Haufen Menschen!" Aber es funktioniert, denn das, was wir hier alle gemeinsam haben, ist Gott, und deshalb haben wir eine Hoffnung, die ich auch gern anderswo sehen würde. Das heißt nicht, dass all meine Beziehungen im Orden völlig in Ordnung sind. Es gibt einige Schwestern, mit denen ich wirklich kaum auskommen kann, aber das ist nur im Moment so – es wird sich ändern, genau wie ich.

Das Gebet hier ist wie die Gezeiten. Es kommt und geht im ständigen Rhythmus, und ich bin so froh, dass ich dazugehöre. Ich war immer schon ehrgeizig in geistlichen Dingen; ich wollte Gott immer besser kennen lernen und alles besser verstehen. Das Leben hier ist in geistlicher Hinsicht ein großes Vorrecht. Ich kann hier mehr Weisheit erlangen und Gott näher kommen ... Es würde mich draußen 10 Jahre kosten, so weit zu kommen, wie ich es hier in 3 Jahren tue.

Manchmal sagt jemand zu mir: „Du musst aber auf vieles verzichten!" Einerseits würde ich am liebsten antworten: „Ja, hier zu leben ist ein großes Opfer." Aber weil ich all das ja freiwillig und gern tue, ist es eigentlich gar kein Opfer. Ich finde es hier nicht schwieriger als anderswo. Es ist nur anders. Und wenn es das ist, wozu man berufen ist, dann ist es ein gutes Leben.

Inzwischen hat Rose Brixton verlassen und lebte einige Zeit im Ordenshaus in Newcastle-under-Lyme, wo sie einen Trainingskurs bei den Samaritern mitgemacht und Gebetstage und Exerzitien geleitet hat, die ihrer Meinung nach aber „viel zu ruhig" waren. Jetzt ist sie wieder in ihrem geliebten Brixton und hat ihr erstes Gelübde abgelegt. Rose arbeitet in einer psychiatrischen Klinik, wo sie ehemaligen Patienten bei der Arbeitssuche hilft. Außerdem arbeitet sie

ehrenamtlich in einem Heim für obdachlose Alkoholiker, die eine Entziehungskur machen.

Sie meint: „Ich habe angefangen, Bratsche zu spielen und bin Mitglied eines Orchesters geworden. Es ist herrlich! Und ich habe mich dazu bereit erklärt, in meiner Tracht und mit allem einen Bungee-Sprung zu machen. Das wird ein richtiges Spektakel und das Geld, das dabei zusammenkommt, soll dem Obdachlosenheim zugute kommen. Ich hoffe, mich verlässt im letzten Augenblick nicht der Mut! Eine Schwester meinte, man müsste ihr allein schon dafür Geld geben, dass sie nur zuguckt."

Schwester
Esther

Schwester Esther
Gemeinschaft der Diener des Willens Gottes
Kloster Christus des Erlösers – Hove, Sussex, England

*M*eine Nichte meinte: „War es nicht schon genug,
dass du in diesem ökumenischen Orden warst,
wo du dieses altmodische Schürzenkleid tragen
musstest? Jetzt bist du sogar mit einem Haufen
alter Mönche in einem richtigen Kloster
und musst um halb fünf morgens aufstehen!"

Die milde Luft passt ausgezeichnet zu dem sonnigen Nachmittag, den ich im Garten dieses kleinen Klosters verbringe. Wenn man hierher kommt, wird man von Bruder Mark empfangen, der mit seinen 80 Jahren eine Weisheit und eine Gelassenheit ausstrahlt, die die meisten von uns sicher nicht einmal mit 180 hätten. In seinen Augen liegt ein schelmisches Funkeln.

Die Front dieses auf einer Anhöhe gelegenen Hauses bildet die Kapelle. Ihre Wände sind mit außergewöhnlichen Gemälden bedeckt, die Ausschnitte der Schöpfung bis hin zur Offenbarung darstellen. Hier feiern die vier Mönche und die zwei Schwestern eine Form des Gottesdienstes, den sie selbst entwickelt haben und der an alte liturgische Formen des Gebets und des Lobpreises anknüpft.

Schwester Esther nimmt sich zwischen den anderen wie ein Teenager aus. Ihr Haar, das unter dem lockeren Schleier hervorlugt, ist immer noch schwarz, ohne das kleinste bisschen Grau, und sie erwärmt die Kapelle mit ihrem offenen Lächeln. Ich bin völlig überrascht, als sie mir sagt, dass sie bereits 55 und damit die älteste der Novizinnen ist, die ich interviewt habe.

Nach einem Mittagessen in dem winzigen Refektorium schlägt Esther vor, in den Garten zu gehen. Die Möwen leisten uns Gesellschaft und übertönen zuweilen fast die leise Stimme der deutschen Schwester. Sie strahlt eine enorme Sensibilität und Ehrlichkeit aus.

Alles begann mit einer Vision, die ich hatte. Ich weiß nicht genau, ob ich wach war oder schlief. Es war in den frühen Morgenstunden, aber es kam mir eigentlich nicht vor wie ein Traum. Mir war so, als ob ich am Ufer eines Sees war, und neben mir stand ein kleiner Junge. Wir schauten zu, wie die Sonne aufging und immer höher und höher stieg. Wir waren beide fasziniert von dieser Schönheit, bis der Junge plötzlich rief: „Die Herrlichkeit Gottes!" Das sagte er immer wieder. Dann war ich mir der Gegenwart des Jungen nicht länger bewusst. Ich schaute immer noch ins Sonnenlicht und wurde immer mehr in diese Helligkeit hineingezogen, obwohl man das normalerweise gar nicht ertragen kann, ohne geblendet zu werden. Außerdem hatte ich das Gefühl absoluter Heiligkeit. Mitten in diesem Licht nahm ich eine Gestalt mit schwarzem Haar in einem weißen Gewand wahr. Ich fragte mich, ob diese Gestalt Christus war, aber später dachte ich, dass Gott, wenn dieses Licht Gott wäre, ja Teil dieses Lichtes wäre. War diese Gestalt also ein menschliches Wesen – oder gar ich selbst?

Dann folgte eine Reihe von verschiedenen Bildern. Zuerst sah ich eine sonnenbeschienene Küste, dann eine Landschaft, die nicht zu meiner Heimat gehörte, sondern zu einem anderen Ort, der mich aber trotzdem irgendwie an meinen Geburtsort erinnerte. Und das letzte Bild, das mir immer noch vor Augen ist, war eine ganz besondere Szene in einer bewaldeten Anhöhe, die zu einem kleinen Dorf in einem Tal führte. Ich sah schemenhafte Gestalten, die allein oder zu zweit langsam auf dem Hügel herumwanderten. Es war, als ob man durch den Nebel schaut oder als ob man im Licht des ganz frühen Morgens steht.

Ich wurde in einer protestantischen Kirche in Süddeutschland als Diakonisse ausgebildet und gehörte einem sehr lebendigen ökumenischen Orden an, der in den 60er-Jahren gegründet worden war. In diesem Orden lebten Familien sowie allein stehende Brüder und Schwestern. Wir hatten an verschiedenen Orten „Ableger", und so konnte ich in der Schweiz, in Berlin und an anderen Orten in Deutschland arbeiten. Es war ein erfülltes Leben, und ich machte die übliche Gemeindearbeit gern: Jugendarbeit, Leitung von Ferienlagern und Freizeiten, Unterricht, Seelsorge, Besuche bei Alten und Kranken. Ich half, wo und wann immer es nötig war.

Bei alledem habe ich aber nie die „Vision" vergessen, die ich 12 Jahre zuvor hatte, und schließlich kam ich in eine Phase in meinem geistlichen Leben, wo ich Gott ernsthafter um die Bedeutung dieser Vision befragte. Ich stellte allmählich fest, dass in unserer Gemeinde ein stärkeres Gebetsleben nötig war, und so rief ich verschiedene Gebetsgruppen ins Leben. Ich fühlte mich dazu gedrängt, mehr über die mystische Seite des Glaubens und seine reichen Traditionen innerhalb der christlichen Kirche zu lernen. Und die Idee eines kontemplativen Ordens kam mir immer verlockender vor. Ich wusste aber nicht, ob es kontemplative Orden innerhalb der lutherischen Tradition in Deutschland gab.

Während einer Sabbatzeit befragte ich einen Experten auf diesem Gebiet und erfuhr, dass es eine ganze Reihe von kontemplativen Orden in der anglikanischen Kirche Englands gab. Ich war 47 und hatte weder Familie noch Freunde in England, und ich konnte nur ein bisschen Schulenglisch, etwa: „Guten Morgen! Können Sie mir bitte sagen, wie ich zum Bahnhof komme?" Ich dachte, ich müsste selbst nach Großbritannien fahren, um mehr über die kontemplativen Orden herauszufinden. Ich glaube, so etwas nennt man wohl einen Sprung ins kalte Wasser.

Ich hatte geplant, den Orden der Schwestern der Liebe Gottes in Oxford zu besuchen (wo Sie Schwester Judith interviewt haben), aber zuerst wollte ich einen dreimonativen Intensivkurs in Englisch absolvieren. So kam ich zufällig hierher nach Hove. Ich hätte nie gedacht, dass es so mühsam und zeitaufwendig ist, eine Sprache zu lernen. Aber der Unterricht hat mir trotzdem großen Spaß gemacht.

An einem Feiertag wollte ich mir einige der Gemeinden in Hove anschauen und stieß auf die St. Patricks-Kirche ganz in der Nähe meiner Unterkunft. Die Tür stand einladend offen. Ich ging hinein und hatte eine schöne Kirche im anglo-katholischen Stil vor mir. Zu meiner Überraschung hing meine Lieblingsikone über dem Hauptaltar. Die Bankreihen hatte man in einem Kreis aufgestellt. Das Innere der Kirche war wunderschön und erinnerte mich stark an die Kapelle meines Ordens. Es fand gerade das Abendgebet statt, auf das der tägliche Abendmahlsgottesdienst folgte, der um 8 Uhr abends endete. Das passte ganz ausgezeichnet zwischen meinen Unterricht und meine Hausaufgaben am Abend.

So besuchte ich diese Gottesdienste von da an regelmäßig. Ich war besonders beeindruckt von dem Dienst dieser Kirche, die unter anderem auch mit Obdachlosen arbeitet. Sie bietet obdachlosen Männern in einem Teil der Kirche Unterkunft für die Nacht, und viele von diesen Leuten finden mit Hilfe der Gemeinde wieder zurück in die Gesellschaft.

Ich war sehr überrascht, dass mehrere Mönche an den Gottesdiensten in St. Patricks teilnahmen. Es stellte sich heraus, dass sich in derselben Straße ein kontemplativer Orden befand. Sie luden mich zum Mittagessen ein, und ich erzählte ihnen, warum ich nach England gekommen war und auch von meinen Bemühungen, Englisch zu lernen. Sie fragten mich, ob ich nicht für ein Wochenende das Haupthaus des Ordens besuchen wollte. Dort hielt sich nämlich zu dieser Zeit gerade ein deutscher Mönch auf, so dass ich natürlich diese Einladung sehr gern annahm. Es war eine große Erleichterung für mich, einmal mit jemandem auf Deutsch über geistliche Themen sprechen zu können.

Dieser Orden der Diener des Willens Gottes hat eine alte Tradition wieder entdeckt, die es in der Kirche im 11. Jahrhundert gab, bevor sie sich in einen östlichen und einen westlichen Teil spaltete. Die Gottesdienste beziehen die Traditionen beider Zweige der Kirche mit ein. Ich stellte fest, dass man in den Gottesdiensten häufig den Kopf neigte und still betete, und plötzlich erinnerte ich mich wieder an den ersten Teil meiner Vision.

Das Kloster in West Sussex liegt in einem Waldgebiet und daran angeschlossen ist ein kleiner landwirtschaftlicher Betrieb. Eines Tages, als ich spazieren ging, blieb ich ganz überrascht stehen. Das war genau der Anblick, den ich vor fünf Jahren vor meinem inneren Auge gesehen hatte! Es war absolut überwältigend. Ich konnte nur ausrufen: „Oh Gott! Was soll das bedeuten?"

Schließlich ging ich zum Abt und erzählte ihm meine Geschichte. Ob ich dem Orden beitreten könnte? Er blickte mich zunächst erstaunt an, aber er zeigte auch viel Verständnis und war bereit zu akzeptieren, dass ich wirklich eine Berufung erhalten hatte. Zu dieser Zeit stand es gar nicht zur Debatte, dass auch Frauen diesem Orden beitreten.

Schließlich wurde ich jedoch die erste weibliche „Sucherin" in diesem Kloster in Hove. Ein „Sucher" ist eine Laienperson, die sich über einen Beitritt in einem Orden klar zu werden versucht.

Und genau das tat ich. Gleichzeitig ging ich weiter auf die Sprachschule um die Ecke. Damals gab es hier insgesamt 10 Mönche. Heute sind wir drei Brüder mehr und außer mir noch zwei andere Schwestern.

Wenn ich an meine Kindheit zurückdenke, merke ich, dass ich als Jüngste und einzige Tochter in der Familie sehr verhätschelt wurde. Aber ich wurde in die unruhige Kriegszeit hinein geboren, und wir verbrachten viele Stunden zusammengekauert im Luftschutzkeller. Es war eine merkwürdige Mischung aus Alltag, Arbeit und Krieg. Vielleicht sollte ich dazu sagen, dass mein Vater, der Stadtrat war, sich geweigert hat, Juden zu verraten und daher von den Sympathisanten der Nazis sehr skeptisch beobachtet wurde. Irgendjemand schrieb sogar an unsere Hauswand die Worte: „Freund der Juden".

Ich weiß auch noch, dass unser Haus vorübergehend vom CVJM genutzt wurde. Wir brachten mehrere Kriegsflüchtlinge unter und nahmen Vertriebene auf. Als uns das alles zu viel wurde, tröstete uns mein Vater mit den Worten: „Denkt dran: Mit jedem Fremden nehmen wir einen Engel auf!" Wir hatten Glück, dass wir nie Hunger leiden mussten und anderen immer etwas abgeben konnten. Und oft setzte sich meine Mutter abends ans Klavier und spielte – und wir begleiteten sie entweder mit Gesang oder Instrumenten. Dadurch konnten wir die Sorgen immer mal wieder ein bisschen vergessen.

Als wir in die Schule kamen, mussten wir Kinder im Haus und Garten oder auf dem Bauernhof mithelfen, den wir nebenbei betrieben. Es war harte Arbeit, aber mein Vater achtete darauf, dass wir auch genügend Spaß und Abwechslung hatten. Eine meiner besonderen Aufgaben während der Ernte war es, nach der Schule frisches Wasser und Proviant aufs Feld zu bringen, wo alle schon sehnsüchtig auf mich warteten.

Als ich 16 war, gab es eine Veränderung in unserer Familie. Mein ältester Bruder übernahm einen der beiden Höfe, der vorher verpachtet gewesen war, und ich sollte vorübergehend den Haushalt führen. Mein Bruder war noch jung und steckte voller Energie. Wir hatten natürlich große Pläne für unseren Hof und wollten sogar ein neues Haus und Scheunen bauen.

Ich war 19, als ich im Sommer bei einem Unfall mit einer unserer pferdegezogenen landwirtschaftlichen Maschinen schwer verletzt wurde. Da erkannte ich, dass unser Leben an einem seidenen Faden hängt und dass Gott uns jederzeit zu sich nehmen kann. Während meiner Genesungszeit fragte ich mich, was wohl Gottes Plan für mich war und bot ihm das Leben, das er mir geschenkt hatte, zu seinem Dienst an.

Deshalb besuchte ich zwei Jahre lang eine Bibelschule und mit 25 Jahren dann eine theologische Hochschule. Es hatte sich damals eine Beziehung zu einem jungen Mann entwickelt, der Pastor werden wollte. Ich war sehr in ihn verliebt, und er liebte mich auch. Da wir ja keiner Kirche angehörten, die den Zölibat forderte, hätten wir heiraten können. Ich hätte dann immer noch die Ausbildung beenden und er Pastor werden können. Aber alles kam dann anders.

Immer deutlicher fühlte ich, dass eine große Veränderung in ihm vorging, aber ich sagte nichts. Und dann hatte ich eine merkwürdige Erfahrung, als ob eine Wand zwischen uns gekommen wäre und alle meine Gefühle für ihn weggenommen werden würden. Ich konnte nicht aufhören zu weinen, und er war sehr bestürzt. Als ich ihm davon erzählte, war er offen und gab zu, dass er eine ähnliche Erfahrung gehabt hatte. So beteten wir neu um Führung Gottes.

Vielleicht ist es gut, verliebt gewesen zu sein, bevor man in ein Kloster geht, denn nur so weiß man genau, was man aufgibt.

Wir entschlossen uns, ein weiteres Jahr abzuwarten und zu hoffen, dass Gott uns seinen Plan mit uns deutlich machen würde. Ich hatte das Gefühl, dass ich vielleicht zum Ordensleben berufen war. Doch wenn ich einem Orden beitreten sollte, dann müsste ich auch Freude dafür geschenkt bekommen. Ohne Freude könnte ich so ein Leben nicht mit ganzem Herzen führen. So bat ich Gott also mutig darum, dass er mir eine ganz tiefe Freude schenkt, wenn er wollte, dass ich einem Orden beitrat. Und ich wurde ganz mit Freude erfüllt.

Wir sind keine Marionetten. Wir sind nach dem Ebenbild Gottes geschaffen. Er wartet nur darauf, uns seine Liebe zu schenken. Wir sind alle mehr oder weniger in der Zwickmühle, weil wir die Beziehung zu Gott verloren haben. Uns wurde totale Freiheit geschenkt, und im Rahmen dieser Freiheit benehmen wir uns oft wie unerzogene Kinder, die herumtoben und nicht auf ihre Eltern hören wollen. So werden wir immer unzufriedener und unglücklicher.

Es scheint, als ob wir alle auf der Suche sind, und jeder schafft sich ein eigenes Bild von Gott, das ihm in den Kram passt. Aber das funktioniert nicht. Wir müssen einfach sagen: „Ich hatte Unrecht. Ich bin vor dir weggelaufen und möchte zu dir kommen."

Für mich ist das kontemplative Leben ein Versuch, diese wichtigste Beziehung unseres Lebens wieder zu entdecken und mit Gott in Freude zu leben.

Wie stehen Sie zu Armut, Keuschheit und Gehorsam?

ARMUT. Ich betrachte Armut nicht mehr rein von der materiellen Seite. Ich habe mit 29 meine Gelübde abgelegt, und in diesem Alter war das für mich nicht leicht, denn meiner Familie ging es gut, wir lebten in einer schönen Umgebung, hatten ein Haus, Reitpferde, ein gutes Leben und viele Freunde. Ich konnte mir gar nicht vorstellen, wie schwer es ist, sein Zuhause zu verlieren und alle materiellen Annehmlichkeiten aufzugeben. Ich wusste nicht, wie sehr meine Seele an diesen Dingen hing. Auf der anderen Seite macht es auch unheimlich frei, Dinge wegzuschenken und im Glauben zu leben.

Heute sehe ich die Gelübde anders. Es ist leichter für mich, ohne Besitz zu leben, denn Gott hat mir etwas viel Besseres geschenkt, nämlich ein tiefes Gebetsleben. Im Gebet lässt man alle äußeren Dinge los. Das versteht man normalerweise unter Armut; aber

214

Armut geht noch viel tiefer. Armut ist ein Schritt, um wahre Freiheit in Gott zu finden. Am besten sollte man erst mal zwei Jahre ein zurückgezogenes Leben führen, damit man diese Befreiung erfahren und Gott finden kann. Man merkt dann plötzlich, dass das eigene Innenleben große Reichtümer bergen kann. Ich behaupte nicht, dass es für jeden Christen notwendig ist, alles aufzugeben, aber man erkennt seine wahre Abhängigkeit von Gott erst auf diese Weise in ihrer vollen Tragweite.

Ein solches Leben zu führen ist ein schwieriger Prozess, aber er hat seine Freuden; besser gesagt, man bekommt dabei eine Ahnung vom Himmel. Das wird durch jeden einzelnen Glaubensschritt bestärkt. Man erreicht immer neue Tiefe, Veränderung und Freiheit. Man sieht das Leben anders und klammert sich nicht mehr an Materielles. Man muss keine Dinge besitzen, und die Dinge, die man benutzt, kann man ganz anders als Geschenk Gottes genießen.

KEUSCHHEIT. Das ist schwer. Wir Menschen sind von Natur aus nicht aufs Alleinsein angelegt. Aber es gibt die Möglichkeit, sich so sehr auf Gott einzulassen, dass er wirklich die tiefste Erfüllung all deiner Wünsche wird. Das kontemplative Leben führt einen dazu, nach innen zu schauen und sich bewusst zu machen, was dort in diesen Tiefen wirklich an Empfindungen und Sehnsüchten ist. Vieles, was oberflächlich wie die Lust auf Intimität mit einem anderen Menschen aussieht, ist in Wirklichkeit Sehnsucht nach Gott. Und man kann sie nur erfüllen, wenn man sie Gott gibt und ihm erlaubt, in einem zu arbeiten. Es ist, als ob du Schätze in dir entdeckst, von deren Existenz du gar nichts geahnt hast. Aber dieses Graben kann auch sehr schmerzlich sein, weil dabei dein wahres Ich zum Vorschein kommt. Vielleicht bist du sogar schockiert, völlig verstört oder hast das Gefühl, in ein tiefes Loch zu fallen, wo du nur noch beten kannst: „Herr, Gott, hilf mir!" Und irgendwann erlebt man dann, dass Gott einen wirklich ganz erfüllt und allen Sehnsüchten in einem begegnet.

Um das zu erfahren, muss man nicht unbedingt zölibat leben. Aber wenn man nicht zölibat lebt, dann hat man wahrscheinlich mehr Schwierigkeiten damit, denn man muss sich vollkommen Gott hingeben in dem völligen Bewusstsein, dass er alles ist. Wenn man einen Partner und Kinder hat, merkt man nicht unbedingt, dass man seine Bedürfnisse und Sehnsüchte eigentlich nur von Gott gestillt bekommen kann.

Es ist wie die Beschreibung, die Christus von dem „lebendigen Wasser" gibt. Es ist eine Quelle, die du in dir selbst findest. Die Kontemplation ist dazu da, das zu finden. Es lohnt sich, damit sein ganzes Leben zu verbringen. Es gibt viele Zeugen, die diese „lebendige Quelle" gefunden und darüber geschrieben haben – zum Beispiel Teresa von Avila oder Johannes vom Kreuz sowie viele andere Christen aus späteren Jahrhunderten. Dieses lebendige Wasser ist ein Geschenk, das wir alle bekommen können, wenn wir Gott, unserem Schöpfer, gegenüber treu sind.

Als ich Anfang 30 war, war ich dankbar, dass wir im Kloster nicht nur Frauen, sondern auch Männer hatten. Ich glaube, dass Männer und Frauen für ihre ganzheitliche Entwicklung voneinander abhängig sind. Wir haben zusammen Gottesdienste gefeiert und die Mahlzeiten gemeinsam eingenommen, bis wir separate Häuser für die Mönche und für die Nonnen hatten. Unser Ziel ist es, ein geistliches Leben zu entwickeln, das nicht in einer Ehe aufgehen sollte, sondern der Gemeinde und der Welt zur Verfügung steht. Dazu muss man sich nicht von allen Angehörigen des anderen Geschlechts fern halten; ich glaube sogar, dass das schädlich wäre.

Unser Zölibatsgelübde hilft sogar Außenstehenden. Manche sagen beispielsweise: „An euch kann man sehen, dass die Liebe Gottes wirklich für alle Bedürfnisse eines Menschen genug ist."

Es ist sehr schade, das Sex und Liebe oft miteinander verwechselt werden. Wenn man in ganz frühem Alter Sex hat, kann man das nicht mit dem Reichtum der Erfahrung vergleichen, wenn man jemanden wirklich liebt und es in der richtigen Atmosphäre geschieht. Aber Gott ist ein liebender Vater, der nur unser Bestes will. Selbst wenn wir einige schlimme Erfahrungen und zerbrochene Beziehungen hinter sich haben, haben wir immer noch die von Gott geschenkte Möglichkeit, zu bereuen und von vorne zu beginnen.

Es ist wichtig, dass wir unsere Sexualität nicht leugnen oder unterdrücken, sondern unser ganzes Selbst Gott hinlegen, damit er uns zeigen kann, wie wir unsere sexuellen Energien in andere Kanäle leiten können. Wenn wir uns in Gott verlieben und ihm all unsere Gefühle geben, reagiert Gott darauf. Es dauert natürlich eine Weile, vielleicht sogar Jahre, und man fragt sich, wie man seine Sexualität Gott bringen kann. Man kann es nicht richtig erklären, aber er nimmt sie und macht etwas anderes daraus, etwas, das vielleicht sogar besser ist.

In meiner Arbeit war ich immer umgeben von Kindern und habe mich an ihrer natürlichen Art gefreut, mit der sie Liebe so frei und offen ausdrücken. Aber es gab auch eine Zeit, in der mir der Gedanke, selbst nie Kinder haben zu können, sehr zu schaffen machte. Ich brachte aber auch das im Gebet vor Gott und bat ihn, dass er mich auf andere Weise fruchtbar machen würde, wie es uns im Evangelium versprochen wird. Hört sich das sehr merkwürdig an? Ich kann nur sagen, dass es eine kostbare Perle gibt, die zwar nicht leicht zu finden ist, die aber den Kampf lohnenswert macht.

GEHORSAM. Zuerst muss ich immer Gott gehorchen. Aber es ist auch wichtig, dass man einen guten Führer auf dem Weg hat. Die Leiter dieses Ordens gehen mit jedem Einzelnen hier sehr sanft um, was die Leitung und die Interpretation betrifft, wie Gott führt. Sie haben wirklich Gottes Liebe in sich. Sie sind zu diesen Tiefen vorgedrungen, von denen ich vorher gesprochen habe, wo die Liebe Gottes dein ganzes Wesen einnehmen und bereichern kann. Man merkt es ihnen an, dass sie eine besondere Gabe von Gott haben, Menschen in liebevoller Weise zu führen. Sie kennen die Schwierigkeiten und Kämpfe, von dem Wunsch loszukommen, all das zu bekommen, was wir haben wollen. Gehorsam ist, so habe ich festgestellt, nur fruchtbar, wenn er aus Liebe geschieht. In den ersten Jahren kann das sehr schwierig sein, weil wir von Natur aus alle rebellisch und stolz sind und unser Leben selbst im Griff haben wollen.

Ich bin nach England gekommen, um herauszufinden, wohin mich Gott führen möchte. Ich wusste nur, dass ich das kontemplative Leben kennen lernen wollte. Ich hatte keine Ahnung, worum es in diesem Leben wirklich ging. Alles, was ich wusste, war, dass man dort mehr Zeit zum Beten hatte. Es ist aber ganz anders. Es stimmt natürlich, dass man mehr Zeit fürs Gebet hat, aber es geht viel tiefer. Das Leben hier verändert dein ganzes Denken und Verstehen und Wesen. Diese Veränderung ist in vielerlei Hinsicht auch leidvoll, wenn man sein wahres Ich erkennt. Aus der Raupe muss ein Schmetterling werden, um ein Zitat von Teresa von Avila anzubringen.

Aber zurück zum Gehorsam. Ich glaube, Gehorsam heißt nicht nur, dass eine Person in einem bestimmten Fall einer anderen gehorcht, sondern es bedeutet auch, zusammen auf die Stimme des Heiligen Geistes zu hören. Sehr oft haben wir nicht die Geduld zum Zuhören, was sehr schade ist. Es ist ein Zeichen großer Demut und Liebe, wenn man in kleinen Dingen gehorsam ist und „reif" darauf reagieren kann. Jeder noch so kleine Schritt hilft uns auf diesem Weg, aber das geschieht nicht, ohne dass wir immer wieder stolpern.

Ich habe gemerkt, was es bedeutet, vollkommen zu vertrauen. Alles Vertraute und liebe Menschen waren für mich nicht mehr da – sogar meine Muttersprache –, und ich musste ganz von vorn anfangen wie ein Kind in der Schule; nur war ich ein Kind von 47 Jahren. Ich hätte nie gedacht, wie schwer es ist und welche Demütigung es mit sich bringt, wenn man sich in allem in einer fremden Sprache mitteilen muss. Für mich bedeutete die Lesezeit auch immer intensives Lernen, um die hochfliegende Sprache der mystischen Schriftsteller zu lernen und das neue Vokabular zu beherrschen. Ich kam an einen Ort, wo niemand mich oder meinen Hintergrund kannte, und ich konnte mich nicht mal selbst angemessen ausdrücken. Ich konnte einfach nur Gott vertrauen. Es war der Weg des totalen Glaubens.

Selbst heute verstehe ich Gottes weiteren Plan und seine Absichten mit mir noch nicht vollkommen. Es war alles bisher eine riesige Lektion in Sachen Gehorsam und Vertrauen auf Gott. Gott hat mir bisher in allem geholfen, selbst in den Details, dass ich zum Beispiel das richtige Buch zum Lesen fand oder dass ich es schaffe, so früh aufzustehen – was für mich alles andere als eine Kleinigkeit ist. Ich weiß, dass Gott da ist, weil ich in mir die Gewissheit seiner Gegenwart erlebe. Gott ist wie ein Partner, der neben einem lebt und gleichzeitig in einem. Du bist in ihm und er ist in dir. Manchmal zeigt Gott seine Gegenwart, und manchmal prüft er dich bewusst und fordert dich heraus. Mir scheint, er gibt einem immer das richtige Maß an Lernstoff, dass man wachsen und sich weiterentwickeln kann. Es gibt nichts in uns, das er nicht verändern, bereichern, entwickeln und verschönern könnte, vorausgesetzt, wir öffnen uns ihm ganz, ohne etwas zurückzuhalten.

Ich erfahre Gott auch in der Stille, wenn ich auf die ruhige See hinausschaue und meine Gedanken sammle, die sonst immer wie ein Bienenschwarm in meinem Kopf herumschwirren. Es ist am besten, wenn ich nicht versuche, sie zum Schweigen zu bringen, sondern sie Gott hinlege und warte, bis aus ihnen ein Gebet wird. So sitze ich da in der Erwartung, dass Gottes Geist langsam in mir erwacht. Seine Gegenwart ist tiefer als unsere körperliche Wahrnehmung. Deshalb brauchen wir Zeit, um einen Hauch seiner Gegenwart zu erfassen. Dabei werde ich mir immer neu meiner eigenen Fehlerhaftigkeit bewusst, aber das ist nichts Schlimmes. Ich kann ehrlich vor Gott stehen und mich sehen, wie ich wirklich bin, ohne Angst, deshalb zurückgewiesen zu werden. Wir sehnen uns danach zu lieben, wie er uns liebt, weil wir uns unseres großen Mangels an Liebe deutlich bewusst sind. Die einzige Möglichkeit, Streit und Hass zu überwinden, liegt darin, mehr Liebe zu üben. Wahre Liebe.

Das ist ein großes Abenteuer – von ganzem Herzen zu glauben, dass Gott Liebe ist und dass er uns nur liebt um der Liebe willen und dass uns nichts von seiner Liebe scheiden kann. Hierin, so glaube ich, liegt die ständige unsichtbare Arbeit kontemplativer Menschen, ob sie nun im Kloster leben oder außerhalb dieser Mauern.

Wir alle wissen, wie schwierig es sein kann, einen andauernden inneren Frieden zu haben. Es scheint so viele äußere Hindernisse zu geben; zum Beispiel fehlt es am richtigen Platz, an der richtigen Zeit oder an der richtigen Umgebung. Es gibt natürlich auch innere Widerstände. Wir haben unseren eigenen Willen, unsere eigenen Meinungen, unsere Launen, die bewirken, dass wir viel zu schnell aufgeben. Wir glauben vielleicht sogar, dass wir gar nichts tun und dass das Stillwerden reine Zeitverschwendung ist. Aber ganz im Gegenteil, es ist ein wertvolles Geschenk von Gott, das uns inneren Frieden bringt und alle Furcht vertreibt.

Es ist schwierig, heutzutage wirklichen Frieden zu finden. So viele Leute, sogar Leute, die in die Kirche gehen und an Gott glauben, haben Angst vor der Stille. Manche haben den Fernseher oder das Radio ununterbrochen an. Wir halten nicht lange genug inne, um zu lernen, dass wir Gott nur in der Stille wirklich kennen lernen können. Wir alle müssen lernen, in der Stille Frieden zu finden, den Frieden unseres Herzens.

Esther ist bereits sechs Jahre lang im Kloster in Hove. Im Mutterhaus des Ordens in Crawley Down in Sussex leben mittlerweile weitere neun Mönche und jetzt auch eine Nonne. Seit diesem Interview ist ein Mönch dem Orden beigetreten. Esther legt jedes Jahr neu ihre Gelübde ab, bis sie bereit ist, die lebenslangen Gelübde abzulegen.

Anhang

Wir können uns gut vorstellen, dass Ihnen die Berichte der 10 Frauen in diesem Buch „Appetit" gemacht haben, sich einmal ein Kloster oder eine Kommunität von innen anzusehen; sei es aus purer Neugier, aus dem Wunsch nach ein paar Tagen Ruhe oder weil Sie wirklich einmal in das Leben in einer solchen Gemeinschaft hineinschnuppern wollen.

Zwar gibt es in Deutschland nicht genau dieselben Klöster wie die der anglikanischen Hochkirche in England; die Prinzipien, Herausforderungen und einmaligen Chancen sind jedoch dieselben, ob es sich nun um ein Diakonissenhaus, eine Schwesternschaft, ein Kloster oder eine ökumenische Kommunität handelt. Und auch die Motivation zu einem solchen Lebensstil ist dieselbe: Sein Leben ganz auf Gott auszurichten.

In den meisten Orden oder Kommunitäten sind Besucher herzlich willkommen; in vielen werden für Gäste eigens Exerzitien oder „Stille Wochenenden" angeboten, bei denen man ein paar besinnliche Einkehrtage fernab der Alltagshektik verbringen kann. Manche Klöster ermöglichen interessierten Gästen auch über einige Tage oder Wochen eine recht umfassende Teilnahme am ganz alltäglichen Leben in ihrer Gemeinschaft. Allerdings müssen Sie mit längeren Vorlaufzeiten rechnen, da gerade in den letzten Jahren die Nachfrage nach solchen Retraiten enorm angestiegen ist. Kein Wunder, wenn man bedenkt, welche große Chance in so einer „Auszeit" liegt!

Im Folgenden finden Sie eine Übersicht von verschiedenen Orden und Gemeinschaften in Deutschland und der Schweiz, in denen Sie alle Informationen bekommen können, die Sie interessieren. Es handelt sich um evangelische, katholische und überkonfessionelle Gemeinschaften.

Orden und Kommunitäten in Deutschland. Österreich und der Schweiz

Katholische Klöster und Gemeinschaften

Mehr Infos zu einzelnen Klöstern in Ihrer Nähe finden Sie im Internet zum Beispiel
unter www.orden.de
oder www.kath.ch/orden-ordres (Schweiz)

Augustiner
Kleinhohenheimer Str. 11
70619 Stuttgart
0711/476580

Augustinerinnen (Cellitinnen)
Kreuzauerstr. 211
52349 Düren
02421/59250

Benediktiner
Stiftweg 2
69118 Heidelberg
06221/895-0-121

Benediktinerinnen
Marienrode
Auf dem Gutshof
31139 Hildesheim
05121/42001

Dominikaner
Lindenstr. 45
50674 Köln
0221/20714-0-14

Dominikanerinnen
Bei St. Ursula
86150 Augsburg
0821/36464

Franzikaner
(www.franziskaner.de)
Provinzialat Bayern
St.-Anna-Str. 19
80538 München
089/211260

Provinzialat Köln
Immermannstr. 20
40210 Düsseldorf
0211/906900

Provinzialat Sachsen
Franziskanerkloster St. Antonius
Kirchröder Str. 12a
30625 Hannover
0511/5388990

Provinzialat Thüringen
Am Frauenberg 1
36039 Fulda
0661/10950

Franziskanerinnen
Mutterhaus
83564 Au
08073/1011

Jesuiten
Stolzestr. 1a
50674 Köln
0221/94260-12

Jesuiten
Seestr. 14
80802 München
089/38185-240

Jesuit European Volunteers
Promenadenweg 3
1238 Wien
Österreich

Jesuit European Volunteers
Postfach 830
Ch-8025 Zürich
Schweiz

Kapuziner
Kapuzinerplatz 134
56077 Koblenz
0261/72089

Kapuzinerinnen
Kloster St. Klara
48308 Senden
02597/364

Karmeliten
Laarmannstr. 14-20
45359 Essen
0201/869210

Karmelitinnen
Forchheimer Str. 27
91056 Erlangen
09131/992727

Ursulinen
Calvarienberg
53474 Bad Neuenahr-Ahrweiler
02641/383-0-100

Zisterzienser
Am Marienbrunnen 11
01920 Rosenthal
035796/824

Zisterzienserinnen
Abtei Oberschönenfeld
86459 Gessertshausen
08238/2028

Informationen zum Klosterleben

Informationszentrum „Berufe der Kirche"
Schoferstr. 1
79098 Freiburg/Br.

Vereinigung der Ordensoberinnen Deutschlands
Generalsekretariat der VOD
Engerser Landstr. 37
56564 Neuwied

Vereinigung Deutscher Odernsobern
Generalsekretariat der VDO
Am Knöcklein 13
96049 Bamberg

Bei den beiden letztgenannten Stellen können Sie auch für
DM 2,– die Info-Broschüre „Atem holen" bestellen, in der alle
Klöster und Ordensgemeinschaften aufgeführt sind, in denen die
Möglichkeit zu Gastaufenthalten gegeben ist („Kloster auf Zeit").

Protestantische Klöster und Gemeinschaften

Christusbruderschaft Falkenstein
Krankenhausstr. 26
93167 Falkenstein

Christusbruderschaft Selbitz
Wildenberg 23
95152 Selbitz
E-mail: selbitz@christusbruderschaft.org

Christusbruderschaft
Kloster Wülfinghausen
31832 Springe

Christusbruderschaft Hof Birkensee
91238 Offenhausen-Egensbach 17
E-mail: birkensee@christusbruderschaft.org

Christusbruderschaft Stadtstation Magdeburg
Walloner Kirche
39104 Magdeburg

Christusbruderschaft (Brüder)
Kloster Volkenroda
99998 Volkenroda
E-Mail: Christusbruderschaft@t-online.de

Christusträger-Bruderschaft
Kloster Triefenstein
97855 Triefenstein/Main
E-mail: CT.Triefenstein@t-online.de

Christusträger-Bruderschaft
Darmstädter Str. 246
64625 Bensheim

Christusträger-Schwestern
Weinbergstr. 14
64625 Bensheim

Christusträger-Schwestern Hergershof
74542 Braunsbach

Communität Casteller Ring
Schloß Schwanberg
97348 Rödelsee

Communität Stadtstation Nürnberg
Breite Gasse 82
90402 Nürnberg

Communität Stadtstation Augsburg
Mittlere Lech 3
86150 Augsburg

Communität Stadtstation Erfurt
Augustinerkloster
99084 Erfurt

Communität Stadtstation Hildesheim
Almstr. 15
31134 Hildesheim

Communität Koinonia
Trift 11
29320 Hermannsburg

Diakoniegemeinschaft Puschendorf
Konferenzstr. 4
90617 Puschendorf
09101/704-0

Diakonische Schwesternschaft Wolmirstedt e.V.
Kloster Barsinghausen
Bergamtsstr. 8
30890 Barsinghausen

Diakonissen-Kommunität Zionsberg
Auf der Platte 53
34414 Warburg (Scherfede)

Diakonissen-Mutterhaus Aidlingen
Darmsheimer Steige 1
71134 Aidlingen
07034/5051

Evang. Diakonissenverein
Glockenstr. 8
14163 Berlin
030/8018091

Evangelische Lukas-Communität
Güntherstr. 7
30519 Hannover

Evangelische Marienschwesternschaft
Heidelberger Landstr. 107
64297 Darmstadt (Eberstadt)
E-Mail: info@kanaan.org

Evangelische Kanaan Franziskus-Bruderschaft
Heidelberger Landstr. 107
64297 Darmstadt (Eberstadt)
E-Mail: info@kanaan.org

Evangelischer Schwesternkonvent „Lumen Christi"
August-Sieghardt-Str. 6
91327 Gößweinstein

Gethsemanekloster
Riechenberg 1
38644 Goslar

Jesu-Weg-Schwestern
Schloß Craheim
97488 Stadtlauringen 1
E-mail: HDoderer@t-online.de

Kommunität „Steh auf"
Schwalbenweg 8
38372 Büddenstedt

Kommunität Adelshofen
Wartbergstr. 13,
75031 Eppingen
E-mail: LZAdelshof@aol.com

Kommunität Gnadenthal
Jesusbruderschaft (Brüder)
65597 Hünfelden

Kommunität Jesusbruderschaft (Schwestern)
65520 Bad Camberg

Kloster Volkenroda
99998 Volkenroda

Kommunität Imshausen
36179 Bebra

Ökumenisches Lebenszentrum
Ottmaring
86316 Friedberg

Priorat St. Wigberti
Haus Nr. 108
99634 Werningshausen
E-Mail: KGohde@Compuserve.com

St. Johannis-Konvent v.g.L.
Eschenbach 207,
91224 Pommelsbrunn

Trinitatis-Ring
Elsteraue 3
04469 Lützschena

Bruderschaften und Schwesternschaften

Ahldener Bruderschaft
Geistliches Rüstzentrum
29664 Walsrode-Krelingen

Ansverus-Kommunität
Vor dem Hegen 20
21521 Aumühle

Berneuchener Haus Kloster Kirchberg
72172 Kirchberg
Internet: http://www.klosterkirchberg.de/

Bruderschaft vom gemeinsamen Leben
Neuer Weg 5
86316 Friedberg

Bruderschaft vom Kreuz
Tannenweg 9
86316 Friedberg

Brüderstation vom gemeinsamen Leben
Tachenbergstr. 3
70499 Stuttgart

Christusbruderschaft Kloster Petersberg
Brüdercommunität der Christusbruderschaft
06193 Petersberg b. Halle/Saale
E-mail: petersberg@christusbruderschaft.org

Evangelische Gabriels-Gilde
Am Kleinen Wannsee 9
14109 Berlin

Evangelische Bruderschaft St. Michael
Peter Cornelius Jansen
Arnimstr. 56
23566 Lübeck

Evangelische Michaelsbruderschaft
Sekretariat
Saturnstr. 4
86179 Augsburg

St. Jakobus-Bruderschaft
Giehenbachstr. 9
36129 Gersfeld-Dalharda

Johanniter-Orden
Johanniterstr. 9
53113 Bonn

Kloster Amelungsborn
37643 Negenborn
Kloster Bursfelde
Blaue Koinonia und Epiphaniaskreis
34346 Hannoversch-Münden

Lebensgemeinschaft für die Einheit der Christen
Schloß Craheim
Wetzhausen
97488 Stadtlauringen
E-Mail: HDoderer@t-online.de

Schwesternschaft der Liebenzeller Mission
Postfach 1240
75375 Bad Liebenzell
07052/17-0

Familienkommunitäten und Lebensgemeinschaften

Basisgemeinde Wulfshagenerhütten
24214 Gettorf

Christen in der Offensive (OJC)
64385 Reichelsheim
E-mail: ojc@compuserve.com

Communitas ex Christo
Brünchenhain 2
34632 Jesberg

Communität Koinonia,
Trift 11
29320 Hermannsburg

Diakonische Basisgemeinde
Fabriciusstr. 56
22177 Hamburg

Familienkommunität Siloah
Gutshof 4
99880 Neufrankenroda

Kleine Brüder vom Kreuz
Hof Beutzen 3
29320 Hermannsburg

Kommunität Gnadenthal
Jesusbruderschaft
Familienkommunität
65597 Hünfelden

Laurentiuskonvent
34474 Diemelstadt-Wethen

Taizé-Gemeinschaft
F-71250 Taizé
Frankreich
085/501818
www.taize.fr

Stille Wochenenden und Einkehrtage

Communität Casteller Ring
Schloss Schwanberg
97348 Rödelsee
09323/320

Jesus-Bruderschaft
Kommunität Gnadenthal
65597 Hünfelden
06438/81-0

Evangelische Gabriels-Gilde
Am Kleinen Wannsee 9
14109 Berlin
030/8053064

Arbeitsgemeinschaft Evangelische Einkehrtage
Wolfgang Breithaupt
Hauptstr. 31
17498 Weitenhagen
03834/811422

Stift Urach
Einkehrhaus der Evangelischen Landeskirche in Württemberg
Bismarckstr. 12
72574 Bad Urach
07125/9499-0

Christusbruderschaft Selbitz
Am Wildenberg 23
95152 Selbitz
09280/371

EZS Salzburg
Raiffeisenstr. 1
A-5061 Elsbethen
Österreich
0662/288970

Haus der Stille und Besinnung Kappel
CH-8926 Kappel am Albis
Schweiz
01/7641211

EINE MITREISSENDE AUTOBIOGRAPHIE!

Elisabeth Stahlschmidt:

AUCH OHNE MEINE KINDER

Eine Ärztin zwischen zwei Kulturen erlebt die gewaltsame Trennung von ihren Kindern

Als Zahnärztin im Missionsdienst lernt Elisabeth den charmanten ägyptischen Arzt Hussein kennen. Sie verlieben sich bis über beide Ohren und heiraten.

Doch als die beiden in Husseins Heimat zurückgehen, beginnen die Schwierigkeiten. Die katastrophale finanzielle Situation, die strengen gesellschaftlichen Regeln und die Feindseligkeiten der Familie machen das Leben in Ägypten für Elisabeth zur Qual. Mit ihren inzwischen vier Kindern siedelt die Familie daraufhin nach Deutschland um.

Doch Hussein kehrt in seine Heimat zurück. Als Elisabeth ihn in Ägypten aufsucht, entführt Hussein die vier gemeinsamen Kinder und verwehrt Elisabeth seither jeden Kontakt mit ihnen ...

Paperback, 220 Seiten plus 8 Seiten Bildteil
Bestell-Nr. 815 433

NEUE PERSPEKTIVEN FÜR SINGLES

Joshua Harris:

UNGEKÜSST UND DOCH KEIN FROSCH

Warum sich Warten lohnt –
radikale neue Einstellungen
zum Thema Nr. 1

Unfreiwillig solo zu sein ist ein
ganz schön blöder Zustand ... jedenfalls finden das
die meisten Singles. Nicht so Joshua Harris. Er vertritt eine
ziemlich ungewöhnliche Ansicht: Wozu soll ich mich im
Beziehungs-Zirkus abzappeln, wenn ich sowieso erst in
einigen Jahren „ernst machen" kann?

Denn Liebe kann man ohnehin nicht „ausprobieren".
Statt dessen könnte man doch die Zeit anders nutzen: sich
ganz für Gott und andere Menschen einsetzen, Persönlichkeit entwickeln, Verantwortung lernen – und damit auch reif
für die ultimative Beziehung werden.

Schön und gut! Aber wie gehe ich in der Zwischenzeit mit
meinen Wünschen und Sehnsüchten um? Was ist mit dem
Thema „Sex"? Und letzlich: Traue ich Gott wirklich zu, daß
er etwas viel Besseres für mich vorbereitet hat, als ich mit
voreiligen Entscheidungen erreichen kann?

Joshua wird dich mit seiner direkten und ehrlichen Art ganz
schön herausfordern, deine Einstellung zum „Thema Nr. 1"
komplett umkrempeln. Und unterwegs stellst du vielleicht
fest, daß deine Solo-Karriere gar kein Unglück, sondern eine
Riesenchance ist. Laß dich überraschen!

Taschenbuch, 220 Seiten, Nr. 815 556